KB230874

디자인 활동을 통한 과학 학습

Learning Science through Designing Artifacts

디자인 활동을 통한 과학 학습

Learning Science through Designing Artifacts

황 성 원

한국학술정보㈜

문화적 실천으로서 디자인 활동을 위하여

"전자기 학습에서 현상 구현 활동의 역할"이라는 제목으로 제출하였던 학위 논문을 단행본으로 발표하게 되었다. 오년 전에 작성하였던 원고를 다시 살펴보니 부족한 부분들이 눈에 띄어 마음이 편치 않으면서도 현재와 맞닿아 있는 당시의 고민들을 되짚어보게 된다. 졸업 이후 짧지 않은 시간이 흘렀고 그 사이 구조물을 디자인하는 활동의 과정에서 일어나는 과학학습에 대해 더 깊이 이해할 수 있는 기회가 있었다. 특히 최근 과학교육연구의 새로운 동향으로 자리잡아가고 있는 문화적 접근을 통해 학위논문 작성 당시 지녔던 문제들이 명료화되고 확장되었을 뿐 아니라 새로운 주제들이 연구 문제로 등장하는 것을 경험할 수 있었다. 과학교육의 연구문제를 설정하고 이해하는 과정은 문화·역사적 속성을 지닌 사회적 과정이다. 본 글에서는 "디자인 활동"과 관련된 본인의 연구 관심사가 변화하는 과정을 자서전적으로 서술함으로써 실험실습과 관련된 과학교육의 연구 동향 변화에 대한 간략한 소개가 되고자 한다.

학위논문을 쓸 당시 내가 "현상 구현 활동"을 통해 품으려고 했던 커다란 주제는 "손과 머리가 의미 있게 어울리는 탐구활동"이었다. 지도교수이신 박승재 선생님께서 과학탐구에 대해 말씀하실 때 종종 언급하시곤 했던 그리고 숱하게 수정되던 나의 연구계획서에 거의 항상 화두로 등장했던 이 구절은 당시 중학교에서 실험실습지도에 많은 시간과 노력을 할애하던 나에게 실제로 매우 중요한 문제였다. 나는 실험실습이 학생들과 과학에 대해 소통할 수 있는 좋은 방법이라고 여겼고, 나의 학생들도 실험실습 위주의 수업을 매우 즐거워했다. 교사로서 나는 학생들의 활동이 "성공적인"

실험이 되게 하기 위해 철저히 준비를 하려고 애썼다. 반복되는 사전 실험을 통해 학생들에게 부각되어야 할 것과 그렇지 않은 것을 나누어 통제하였고, 가능한 학생들을 친절하게 안내하려고 노력하였다. 그러나 나는 곧 심각한 모순을 깨닫게 된다. 실험을 하다보면 실험자의 의도와 달리 종종 계획하지 않은 상황이 벌어지곤 한다. 이러한 상황이 교사인 나에게는 "성공적인" 실험을 이루어내기 위해 공부하는 기회가 되는 반면, 학생들은 말 그대로 두 손을 놓고 어쩔 줄을 몰라 교사만 바라보게 되는 것이었다. 학생들이 내 의도만큼 참여적 사고를 하고 있지 못하다는 이러한 자각은 자연스럽게 당시 서울대 물리학습연구실에서 윤혜경 선배를 비롯한 몇몇이 관심을 가지고 공부하던 발산적, 개방적 탐구로 나를 이끌었다. 우리는 학생들이 주도권을 가질 수 있는 열린 형태의 탐구를 통한 과학 학습에 대해 공부하는 한편, 각자의 과학수업을 통해 실질적인 탐구의 기회를 만들어 내려고 노력하였다.

탐구를 통한 과학학습에 대해 이해하고 설명하려고 하자 사물을 조작하는 물질적 실천이 과학적 앎에서 차지하는 역할이 중요한 문제로 떠올랐다. 나는 문헌연구를 통해 이 문제가 앎과 학습에 대한 철학적 태세와 깊이 관련이 있음을 깨달을 수 있었다. 개념 이해를 머릿속에서 일어나는 무언가 추상적인 과정으로 보는 인지적 접근은 그 철학적 연원이 데카르트의 이원론에 잇닿아 있었다. 몸과 마음을 이분법적으로 분리하고 육체에 대한 정신의 우위를 전제함으로써 실험보다는 이론을 그리고 비언어적인 것 보다는 언어적인 것을 더 우위에 두는 교육담론으로 끊임없이 재생산되고 있었다. 그러나 동시에 나는 앎에 있어서 신체화된 실천의 중심적 성격을 부각시려는 시도들이 철학, 심리학, 언어학, 사회학, 문화인류학, 과학사 및 과학철학 등의 제 분야에서 활발히 진행되고 있음을 발견할 수 있었다. 실험의 독자적 성격을 밝히고 있는 과학사·과학철학의 연구나 지식의 비명제적 특성에 주목하는 언어학의 연구 결과들은 당시 탐구활동을 통해 과학개념을 이해한다는 것이 무엇인가에 대해 깊이 고민하고 있던 내게 커다란 울림을 가져다주었다. 비록 기존 과학교육의 담론에서 크게 벗어나지 않았고 따라서 어느 정도 그 한계를 짊어질 수밖에 없기는 하였지만, 학위논문에서 나는 "현상 구현 활동"이라는 공학 디자인 활동을 통해 개념 이해와 사물을 조작하는 물질적 실천을 근본적으로 구분하지 않는 과학실험실습 추구하는 동시에 조작활동과 사고활동이 별개가 아님을 설명하는 새로운 말하기를 시도하였다.

물질적 실천에 대해 좀더 깊고 폭넓게 이해할 수 있는 계기가 되었던 것은 한국과학재단의 지원을 받아 캐나다 빅토리아 대학(University of Victoria)의 마이클 로스 교수(Wolff-Michael Roth)가 이끄는 연구 그룹에서 박사 후 연구를 수행하면서였다. 그곳에서 나는 구조물을 디자인하는 활동에 대한 과학교육 연구가 상당히 진행되어왔음을 볼 수 있었다. 신체화된 인지(embodied cognition), 상황화된 인지(situated cognition), 실천적 학습(learning-in- practice)과 같은 주요 개념에 대한 새로운 말하기가 이미 진행 중이었고, 비판심리학(critical psychology), 사회문화론(sociocultural theory), 문화-역사 활동이론(cultural-historical activity theory) 등이 과학 학습을 이론화하기 위한 간학문적 기초를 형성하고 있었다. 이 새로운 대화에 참여하면서 나는 물질적 실천과 신체화된 앎을 정당하게 이해하기 위해서는 학습자가 참여하고 있는 문화-역사적 활동 전체를 분석의 틀로 삼아야 하고 또한 그 참여의 과정에서 일어나는 사회적 상호작용을 분석하는 것이 중요하다는 것을 깨달을 수 있었다. 즉, 사물을 조작하는 물질적 실천은 그 행위를 이해가능하게 하는 문화적 가능성의 구체적 실현태이기에 학습자의 "손"과 "머리"는 행위자 개인의 것이면서 동시에 그의 것이 아닌 것이었다.

학위논문을 쓰는 동안 주위 사람들로부터 "구조물을 디자인 하는 활동을 통해 학생들이 어떻게 새로운 개념을 학습할 수 있겠는가" 그리고 "몇 가지 안 되는 개념을 가르치기 위해 그렇게 오랜 시간 걸리는 활동을 시켜야 하는가"와 같은 질문을 종종 받곤 했다. 이와 같은 질문들의 이면에는 개념 학습을 공동체적 사건으로 이해하기 보다는 학습자 개개인에게 일어나는 개별적 사건으로 그리고 교사의 책임을 개별 학생과의 일대일 상호작용으로 환원하는 관점이 전제되어 있었다. 사실 나의 학위논문에도 이러한 관점이 상당히 전제되어 있었다. 연구자로서 나는 현상 구현 활동에 참여했던 네 명 학생들의 상호작용을 격려하기 보다는 개별적으로 탐구활동을 진행하도록 유도하였고 또한 개별 학생들을 단위로 비디오 자료를 분석하였다. 내가 접한 새로운 담화는 여기서 중요한 사실이 간과되고 있었음을 지적하고 있었다. 개별 학습자들은 그들이 속해있는 실행 공동체가 제공하는 문화적 자원(언어, 각종 재료 및 도구)에 "이미" 노출되어 있고 문화적 자원이 학습자의 구체적 행위의 일부가 되는 과정은 교사를 포함한 실행공동체의 구성원에 의해 서로 매개된다는 점이었다. 문화적 관점에서 보았을 때, 구조물을 디자인하는 행위는 재료를 변형하는 과정일 뿐 아니라 실험실습에 사용되는 도구의 변화과정이고, 디자인 활동에 함께 참여하고 있는 디자이너 공동체의 변화과정이며, 구조물, 디자이너들, 그리고 도구들 사이의 관계가 끊임없이 공시적·통시적으로 변화하는 과정이다. 사회적 상호작용이 활발해질수록 그리고 공동체 내에서 허락되는 다양성의 수준이 높을수록 문화가 제공하는 다양한 가능성들이 구체적인 행위를 통해 실현되는 경로가 다원화되고 풍부해질 것이었다. 또한 개별 학습자를 분석의 단위로 놓았을 때에 부정적으로 비추어질 수 있는 학습의 우연적이고 비결정적인 성격이 문화적 관점에서는 자연스럽게 받아들여질 수 있는 것이었다. 이와 같이 과학학습에 대한 사회학적이고 문화인류학적인 이해는 나로 하여금 과학교육자들 사이에서 다소 낯선 인문사회학의 연구 성과들을 수용할 뿐 아니라 더 발전된 이론을 제시하는 공동 연구 작업에 참여하게 하였고, 그 결과를 일련의 연구 논문으로 발표하게 되었다. 그 중 몇 가지를 소개하면 다음과 같다.

Hwang, S., & Roth, W.-M. (2004). Co-evolving with material artifacts: Learning science through technological design. *Journal of the Korean Association for Research in Science Education*, 24, 76-89

Hwang, S., & Roth, W.-M. (2006). From designing artifact to

learning science: A dialectical perspective. *Cultural Studies of Science Education*.

Hwang, S., & Roth, W.-M. (in press). Of human bodies in scientific communication and enculturation. *Journal of Curriculum Studies*.

Hwang, S., Roth, W.-M., & Pozzer-Ardenghi, L. (2005). Understanding collaborative practice: Reading between the Lines Actions. *Outlines: Critical Social Studies*, 7, 50-69.

많은 분들이 애를 쓰셔서 이 책이 나오게 되었다. 초고가 TeX으로 작성되었던 데다 그림 자료가 많이 포함되어 있어 편집하는데 많은 수작업이 필요했다. 책의 발행을 제안하고 수고해주신 박주선 선생님을 비롯한 한국학술정보의 관계자 여러분들께 감사드린다.

그림목차

서 론

1.1. 연구 동기

물리학 연구에서 실험은 전통적으로 이론을 시험하는 역할을 한다고 인식되어 왔지만 최근 실험의 독자적 성격에 주목하는 과학철학자들은 실험이 새로운 사실을 획득하고 새로운 현상을 창조하는 역할을 하여 때로는 새로운 이론을 야기했다고 주장한다(Hacking, 1983). 19세기의 실험물리학자 패러데이(M. Faraday)는 당시의 수학적 연구 전통과 구별되는 자신만의 실험적 방법을 통해 전자기학의 기초를 마련했다. 칸토 등(Cantor, Gooding, & James, 1991)은 패러데이 전기에서 그를 다음과 같이 묘사하였다.

> 패러데이는 19세기 중반의 수학화된 물리학 분야에서 배척당했지만 이론 물리학과 실험 물리학을 매우 효과적으로 결합했다. …… 머리와 손이 밀접하게 조화를 이루었다. 찰스 피어스(Charles S. Peirce)가 말했듯이 '패러데이는 실험으로부터 직접 생각을 유도하고 물리 실험 도구가 자신의 생각을 이끌어가게 하는 위대한 능력을 지니고 있었기 때문에 그에게 있어서 실험과 추론은 별개의 것이 아니라 하나였다.'

전자기학을 완성했다고 일컬어지는 맥스웰(J. C. Maxwell)은 1873년 '전기와 자기에 관한 논문' 초판 서문에서 패러데이의 연구 방법에 대해 다음과 같이 서술하였다.

나는 현상을 떠올리는 패러데이의 방식과 수학자들의 방식 사이에 차이가 있다는 것을 알았다. (……) 또한 이러한 불일치가 존재하는 이유는 어느 한쪽이 잘못되었기 때문에 생기는 것이 아님을 확신했다. (……) 비록 관습적인 수학 기호를 따라 표현되지는 않았지만, 패러데이가 현상을 떠올리는 방식도 수학적인 것임을 깨달았다. (……) 예를 들어 수학자들은 원거리에서 끌어당기는 힘의 중심을 보았던 반면 패러데이는 마음의 눈을 통해 모든 공간으로 퍼져나가는 힘의 선을 보았다. (……) 나는 패러데이의 생각을 수학적인 형태로 번역하면서 패러데이의 방법과 수학자들의 방법을 쓴 결과가 전반적으로 일치하기 때문에 두 가지 방법을 통해 같은 현상을 설명하고 같은 법칙을 유도할 수 있다는 것을 깨달았다. 그러나 일반적으로 수학적인 방법이 부분에서 시작하여 종합에 의해 전체를 쌓는 원리에 바탕을 두는 반면, 패러데이의 방법은 전체에서 시작하여 분석에 의해 부분에 도달하는 방법을 닮았다(Maxwell, 1954).

칸토 등과 맥스웰의 지적은 패러데이의 실험이 조작 활동(hands-on)과 사고 활동(minds-on)이 어울려 새로운 생각을 형성하고 전개해나가는 과정이었음을 보여준다. 그리고 이때 패러데이의 조작 활동은 수학적으로 전개된 이론의 진위를 시험하는 도구이기보다는 사고를 이끌어가는 도구에 가까웠다.

물리교육 연구자들과 교사들은 학교 물리 실험에서도 마찬가지로 학생들의 조작 활동과 사고 활동을 어울리게 함으로써 의미 있는 탐구 활동을 시키고 물리 개념 학습을 도울 수 있다고 생각한다. 즉 학교 물리 실험이 추상적인 사고의 세계와 구체적인 물리적 실체들의 세계를 연결짓는 역할을 한다고 여긴다(Brodin, 1978; Barton, 1995). 울노우(Woolnough, 1995)의 조사에 의하면 실제로 많은 교사들은 과학 수업에서 이론과 관련된 구조화된 실험을 가장 자주 시킨다. 또한 과학교육 연구자들은 실험을 통해 학생들에게 과학의 내용을 이해시킬 수 있다고 주장한다(White, 1988; Hodson, 1996b; Watson, 2000). 그러나 실제 학교 실험의 모습은 그렇지 않은 것 같다.

학생들이 실험실에서 하는 활동은 과학자들의 방법을 시늉하는 것일 뿐이다. 가설은 이미 교사가 만든 것이고, 학생들의 임무는 예정된 결과에 도달하기 위해 꾀를 쓰는 것이다. 대부분의 학생들은 내용도 확실히 모르면서 단지 실험 안내서에 있는 지시 사항을 요리책 따라 하듯이 한 단계씩 따라 한다. 실험 결과에 의문을 제기하는 일도 거의 없고 의외로 실험이 잘 안되면 교사는 결론을 강요한다. 학생들은 실험보고서를 써야 하고 교사는 실험보고서에서 잘못된 부분을 고칠 것이지만 그 결과를 수업에서 활용하는 일은 거의 없다(Nadeau and Desautels(1984), Hodson(1998a)에서 재인용).

학생들은 실험에서 주어진 절차를 기계적으로 수행할 뿐 그러한 방법이 왜 필요한지 이해하지 못하며 따라서 학생들의 조작 활동은 물리 개념에 대한 사고 활동과 연관지어지지 않는다. 앞의 인용구가 비록 다른 나라의 경우이기는 하지만 한국의 과학 실험교육 실태도 이와 크게 다르지 않다. 이윤종 등(1997)의 조사에 의하면 과학 실험에서 실험과정과 결과를 배운 후 실시하는 실험이 57.8%였고 교사의 지시에 따라 실시하는 실험이 31.6%였다. 이 결과는 학교 과학 실험이 소위 '요리책 따라 하기'의 틀을 벗어나지 못하고 있음을 보여준다.

학교 물리 실험은 학습 목표에 따라 다양한 형태로 구분될 수 있다(Simpson & Anderson, 1981; Collette & Chiappetta, 1989; Pella, 1961; Herron, 1971; Jones, Simon, Black, Fairbrother, & Watson, 1992; Woolnough & Allsop, 1985; Woolnough, 1994; Millar, Marechal, & Tiberghien, 1999). 그 중 물리 학습을 위해 이루어지고 있는 많은 실험들은 특정한 현상을 설명하기 위해 이미 인정받은 과학 지식을 어떻게 활용하는지 가르치는 예시적 실험(Leach, 1995)이다. 대표적인 예시적 실험으로 확인 실험을 들 수 있다. 확인 실험은 물리학의 개념이나 법칙을 학습한 뒤 그에 대한 구체적인 경험을 얻기 위한 실험이다(Collette & Chiappetta, 1989). 그러나 확인 실험은 대개 지시적인 성격을 띠었고 그 때문에 많은 과학교육 연구자들의 비판의 대상이 되었다. 확인 실험을 비판하는 과학교육자들은 학교 실험이 과학자들의 탐구와 같아야 한다고 주장하였는데 그렇게 도입된 것으로 발견 실험과 가설 연역적 실험을 들 수 있다. 발견 학습이 대두되면서 강조되었던 발견 실험은 소박한 귀납주의 견해에 바탕을 두었고 실험을 통해 학생들이 몇 가지 과학적 사실들을 의미 있는 일반 명제와 원리로 조직화할 수 있다고 믿었다. 따라서 학생들이 실험을 통해 과학 개념이나 법칙을 발견하고 이를 통해 자연스럽게 과학 이론을 학습할 것이라고 가정했다. 1960년대의 너필드 프로젝트(Nuffiled Project), 그리고 쉬워브(Schwab, 1962)가 주장했던 '탐구 실험(enquring laboratory)'이 이에 해당한다. 한편 가설 연역적 방법에 바탕을 둔 가설 연역적 실험은 실험을 통해 물리 법칙과 이론의 진위를 시험할 수 있다고 보았다. 따라서 실험을 통해 물리학의 이론이 참임을 입증함으로써 학생들에게 물리학 이론을 설득하려고 하였다. 그러나 궁극적으로 이미 확립된 이론을 예시하려는 목적을 지녔던 발견 실험과 가설 연역적 실험은 이미 확립되어 있는 물리학의 이론에 따라 반드시 일어나야 하는 현상을 다루었고 따라서 실험을 하면 반드시 예정된 현상이 나타나야 했다. 또한 교사와 학생의 토론도 그 현상을 정당화하는 데 필요한 물리 개념과 법칙에 초점을 맞추었다.

현재 학교 실험에서 학생들이 생각 없이 기계적인 행동을 하는 것이 문제라고 하지만 그것은 확인 실험과 같은 예시적 목적의 실험이 지닌 한계에서 비롯된 것이라고 볼 수 있다. 예시적 확인 실험에서 학생의 행동은 이미 예정된 결과를 얻는 수단일 뿐이다. 많은 경우 학생들은 주어진 실험 기구가 어떤 이유로 선택되었고 어떤 이유로 그렇게 배치되었는지 그리고 왜 그와 같은 방법을 따라야 하는지 이해하지 못한 채 단지 주어진 지시를 따른다. 따라서 예정된 결과와 일치하지 않는 실험 결과를 얻거나 실험 기구가 교사의 설명대로 작동하지 않으면 학생들은 어떻게 행동해야 할지 생각하지 못한다. 밀러(Millar, 1995)의 지적대로 학생들은 자신들의 실험 결과가 이미 확립된 이론에 도전이 되지 못한다는 것을 잘 알고 있다. 결국 예시적 확인 실험의 목적은 과학 이론이 예측하고 있는 현상을 만들어냄으로써 과학 지식의 힘을 과시하고 새로운 개념에 대응하는 현상을 보여 주는 것일 뿐이다(Millar, 1995). 그리고 학생은 그 목적을 위해 기계적인 절차를 따르는 행동을 할 뿐이다. 또한 예시적 실험은 대개 특정 개념이나 법칙을 분명하게 드러내기 위해 변인들의 관계에 주목하는 분석적인 접근을 취한다. 그러나 만일 전압과 전류의 관계를 알아보아야 할 이유도 없고 동기도 없는 상태에서 그리고 전압과 전류 사이에 어떠한 관계가 있으리라는 근거 있는 추측을 할 수 없는 상태에서 전압과 전류 사이의 관계를 알아보는 실험을 한다면 학생들은 어떻게 행동해야 할지 생각할 수 없다. 이와 같은 한계 때문에 예시적 학교 물리 실험은 다른 변인을 통제한 상태에서 특정 개념을 분명히 드러낼 수 있다는 장점에도 불구하고 물리 학습 지도에 어려움을 일으켰다(Hodson & Bencze, 1998).

1990년대에 특히 강조되고 있는 탐구는 학생들에게 자율권을 줌으로써 이러한 예시적 실험의 한계를 극복하려고 했다. 문제를 정의하고 방법을 선택하고 문제에·대한 해를 도출하는 과정을 학생들에게 맡김으로써(Jones et al., 1992) 문제를 해결하는 과정에서 개념에 대한 이해와 과정에 대한 이해를 모두 증진시킬 수 있다고 보았다(Gott & Duggan, 1996). 실제로 로스(Roth, 1994)는 구성주의적인 학습 환경에서 이루어진 개방적 탐구를 통해 학생들이 물리 개념을 더 잘 이해하게 되었다고 보고하기도 했다. 그러나 울노우와 알솝(Woolnough & Allsop, 1985)은 탐구가 물리 개념을 가르치려는 목적을 지닌 활동과는 거리가 멀다고 지적했다. 실제로 탐구를 강조하는 수업은 과학의 과정을 가르치는 데 초점이 맞추어져 있었다. 왓슨(Watson, Goldsworthy, & Wood-Robinson, 1999)의 조사에 따르면 영국의 학교에서 이루어지는 탐구들 중 압도적인 비중을 차지하고 있는 것이 변인 통제를 가르치기 위한 '공정성 검사(fair test)'였다. 이에 대해 솔로몬 등(Solomon, Duveen, Scott, & Hall, 1995)은 단순한 기술적 시험이 과학적 지식이나 설명과 관련되어 있지 않다고 비판하였다. 즉 탐구를 강조하는 접근은 학생들의 행동이 기계적인 행동으로 그치지 않게 하려고 노력했고 그 성과도 있었지만 한편으로는 과학 개념을 이용하여 현상을 이해하고 설명하기보다는 과학의 일부 탐구과정을 가르치는 데에만 초점을 맞추었다는 비판을 받았다.

이와 같은 논의들은 학교 물리 실험에서 학생들의 조작 활동과 사고 활동이 잘 어울려서 물리학의 탐구과정을 능동적으로 수행하고 동시에 물리 개념에 대한 이해를 넓혀가는 것이 어려운 일이라는 것을 보여주고 있다. 앞서 예시적 확인 실험과 탐구에 대한 비판을 바탕으로 학생들의 조작 활동과 사고 활동이 어울리도록 돕는 학교 물리 실험의 조건을 다음과 같이 정리할 수 있다. 첫째로 학생의 실험 행동은 예정된 결과를 얻기 위한 기계적인 과정이 아니라 그 자체가 과제를 해결하는 과정으로써 의미를 지녀야 하고 그러기 위해서는 학생들의 실험 행동에 동기와 의도를 부여하는 실험의 맥락이 존재해야 한다. 둘째로 학생들은 실험에서 대면하게 된 현상과 자신의 실험 행동을 물리학의 내용적 측면에서 반성하는 기회를 가져야 한다. 이러한 조건을 만족시키는 실험에서는 예정된 결과가 존재하지 않아야 한다. 그리고 혹시 의도하는 결과가 있더라도 그것을 얻지 못한다고 해서 학생들의 모든 실험과정이 의미를 잃지는 않아야 한다. 이때 학생들의 실험 활동이 물리학의 내용과 관련지어진다면 학교 물리 실험은 조작 활동과 사고 활동을 어울리게 함으로써 물리 개념을 이해할 수 있는 경험적 근거를 형성하고 동시에 이 과정에서 물리학의 실험적 방법도 의미 있게 도입될 수 있으리라고 기대할 수 있다.

본 연구에서는 이러한 조건을 만족시키는 물리 실험의 한 형태로 현상 구현 활동을 고안하였다. 현상 구현 활동은 학생들이 특정 현상을 구현하기 위해 물질세계에서 사물을 조작하고 생각을 전개하면서 구조물을 만드는 활동이다. 현상 구현 활동에서 학생들의 조작 활동과 사고 활동이 어울릴 수 있는 잠재 가능성은 만들기 활동의 특성과 물리 현상의 특성에서 기인한다.

직접 구조물을 만들 때는 물질세계와 상호작용 하면서 자신의 행동이 목표를 실현하는 데 적절한지 계속 반성하고 수정하는 것이 중요하다(Harrison, 1978). 사고와 행동에 대한 이분법적 사고를 비판하고 현상학적 관점을 취하는 철학자들과 인지심리학자들은 앎과 행동이 서로 분리될 수 없고 앎이 행동 속에 있다고 주장한다. 라일(Ryle, 1949)과 해리슨 (Harrison, 1978)은 이를 '예지적 행동(intelligent action)'이라고 불렀고 숀 (Schön, 1983)은 '행동 중 반성(reflection-in-action)'이라는 개념을 제안하였다. 구딩(Gooding, 1989b)은 패러데이의 전동기 만들기 실험과정을 분석하면서 패러데이의 실험 행동이 '예지적'이었다고 지적하였다. 현상 구현 활동의 목표는 현상의 설명이 아닌 구현이기 때문에 처음부터 현상을 물리 이론으로 해석하는 해석적 접근을 취하지 않더라도 만들기를 시도할 수 있다. 현상 구현 활동에 포함되어 있는 만들기 활동은 학생들이 행동을 통해 생각을 전개하고 자신의 행동이 성취하려는 목표와 어떻게 관련지어지는지 반성하도록 이끌 것이다.

물리학 실험에서 구현하려는 현상은 대개 잘 구현되지 않는다(Hacking, 1983). 따라서 실험의 과정에서 실패가 있을 수밖에 없고 실패한 경우 이에 대한 반성이 뒤따르게 된다. 만일 시행착오를 통해 현상을 쉽게 구현할 수 있다면 만들기 활동은 교사가 기대하는 물리 학습과 연결되기 힘들 것이다. 그러나 현상이 잘 구현되지 않고 현상을 구현하기 위해 그 현상을 물리학의 내용으로 이해할 필요를 느낀다면 학생들은 자신의 시도를 반성하면서 자신이 알고 있는 개념을 다시 생각하고 자신이 무엇을 모르고 있는지 생각해 볼 것이다. 또한 학생들은 자신이 직접 구조물을 만들어 시도했기 때문에 비록 의도한 현상을 구현하는 데 성공하지 못했더라도 자신의 시도를 반성하고 새로운 생각을 제안할 수 있는 경험적 근거가 형성될 것이다.

현상 구현 활동은 이와 같이 조작 활동과 사고 활동의 상호작용을 촉진함으로써 학생들이 물리학의 탐구과정과 내용을 학습하도록 도울 것이라고 기대할 수 있다. 그러나 학교 물리 실험에 대한 많은 연구 결과들은 물리학의 내용 학습과 과정 학습이 서로 상보적이지만 동시에 배타적인 관계에 있음을 보여준다. 즉 과정을 이해하지 못한 채 내용을 학습할 수 없고 내용을 이해하지 못한 채 과정을 학습할 수 없지만, 물리 학습 상황에서 물리 내용 학습에 초점을 맞추면 학생들은 주어진 과정을 기계적으로 따르게 되기 쉽고 과정 학습에 초점을 맞추면 물리 내용과 관련짓기가 어려워지는 결과를 낳았다. 현상 구현 활동은 현상을 이해하고 설명하려는 물리학의 성격과 구조물을 설계하고 만드는 기술 활동의 특성을 동시에 반영하고 있다. 사물을 조작하고 생각을 전개하면서 구조물을 만드는 과정은 한편으로는 자신의 경험을 바탕으로 새로운 상황에 맞추어 물리 개념을 한정짓고 그 의미를 수정하고 확장하는 데 기여하고 다른 한편으로 의도를 가지고 물리학의 실험적 방법을 도입하여 수행하는 데 기여할 것이라고 기대된다.

물리학의 여러 분야 중에서도 특히 전자기학은 새로운 기구를 고안하고 새로운 현상을 만들어내고 이를 설명하려는 노력 속에서 발달한 학문이다 (Kuhn, 1977a). 역학 분야에서 다루는 현상들은 물체의 낙하와 같이 학생들이 일상생활에서 쉽게 경험할 수 있는 것들이다. 반면 전자기학에서 다루는 전류, 전자기 유도 현상 등은 그 현상과 관련된 장치를 사용한 경험이 있을 수는 있겠지만 직접 관찰하고 경험할 기회는 적다. 따라서 아론(Arons, 1997)은 학생들이 현상에 대한 지식을 가지도록 돕기 위해 현상을 숙지할 수 있는 시각적이고 조작적인 경험이 필요하다고 주장하였다. 현상 구현 활동은 학생들이 구조물을 만들면서 전자기 현상과 관련된 여러 기구에 주목하게 하고 기구들을 직접 조작하면서 그 기능을 현상과 연결짓게 함으로써 물리학의 과정과 전자기학의 개념 이해에 기여할 것이라고 기대된다.

1.2. 연구 목적

본 연구의 목적은 과학 완구를 이용한 현상 구현 활동에서 학생들의 조작 활동과 사고 활동과정을 분석하여 전자기 학습에서 현상 구현 활동이 어떤 역할을 하는지 탐색하는 것이다. 이를 위해 중학생을 대상으로 과학 완구 '한없는 돌이'를 이용한 사례 연구를 수행하였다.

사례 연구를 위한 구체적인 초점 질문은 다음과 같다.

첫째, 현상 구현 활동에서 조작 활동과 사고 활동의 상호작용은 어떻게 나타나는가?

둘째, 현상 구현 활동은 학생들이 물리학의 탐구과정을 능동적으로 수행하는 데 어떻게 기여하는가?

셋째, 현상 구현 활동은 학생들이 전자기학의 개념을 이해하는데 어떻게 기여하는가?

1.3. 연구과정 개요

이론적 논의에서는 첫째, 학교 물리 실험 지도 방안에 대한 그간의 과학교육 연구를 고찰하여 지금까지의 물리 실험 교육에 대한 접근 방법을 분석한 뒤 학교 물리 실험의 문제점을 재구성하고, 물리학 연구에서 실험의 성격에 대한 과학철학의 논의를 고찰하여 현상 구현 활동의 의미와 성격을 도출하였다. 둘째, 물리 실험의 탐구과정을 고찰하여 현상 구현 활동이 물리학의 과정학습에 기여할 수 있는 측면을 논의하였다. 셋째, 물리 개념 이해의 의미를 고찰하여 현상 구현 활동이 물리 개념 학습에 기여할 수 있는 측면을 논의하였다.

사례 연구에서는 중학교 2학년 학생 네 명에게 과학 완구 '한없는 돌이'를 이용한 현상 구현 활동을 수행하게 하였다.[1] 연구에서 얻은 질적 자료를 바탕으로 학생들의 조작 활동과 사고 활동을 분석하여 활동도를 작성하였다. 이때 분석 자료는 학생들의 실험과정 전체를 촬영한 비디오테이프 내용, 학생들이 기록한 실험일지와 보고서, 연구자의 현장 기록과 학생 면담 기록물, 온라인 게시판의 글이었다. 활동도를 바탕으로 학생들이 수행한 탐구과정과 전자기 개념 이해를 분석하여 전자기 학습에서 현상 구현 활동의 역할을 논의하였다.

---

1) 사례 연구의 자세한 과정은 3.1 참조.

이론적 논의

2.1. 현상 구현 활동의 의미

2.1.1. 학교 물리 실험의 역할과 종류

물리 학습 지도 상황에서 실험이라는 용어는 매우 포괄적이고 다용도로 쓰이는 용어이다(Wellington, 1998b). 교사와 학생들은 학교 실험실에서 이루어지는 모든 활동을 실험이라고 부르기도 하고 어떤 경우에는 특정한 활동만을 실험이라고 부르기도 한다. 과학교육에 관한 문헌을 살펴보면 학교 과학 실험과 관련된 여러 가지 용어가 등장한다. 전통적인 의미에서 '실험(experiment)'은 '가설이나 이론, 혹은 이로부터 도출된 특정한 예측을 검사할 목적으로 행해지는 계획된 간섭이나 구조화된 관찰'(Millar, 1989)을 지칭한다. 조희형과 박승재(1994)는 과학 실험의 근본적인 목적이 '자연을 간섭하거나 조건을 통제하고 그 결과로 나타나는 현상들을 관찰하거나 측정, 관측함으로써 독립변인과 종속변인들 사이의 관계를 밝히는 데 있다'고 하였다. 한국과학교육단체총연합회(1995)는 과학 실험을 '어떤 현상이나 관계를 연구하기 위하여 인위적인 조건을 설정하고 기구나 장치를 이용하여 관찰 측정하고 해석하는 모든 행동 목표와 기능 요소를 가장 포괄적으로 달성시킬 수 있는 과학적 탐구 활동'이라고 정의했다.

실험보다 더 포괄적인 용어로 '실험실습(practical work)' 또는 '실험실 활동(laboratory work, labwork)'이 있다.[2] '실험실습'은 '수업의 어느 시점에서 학생들이 실물 재료를 직접 손으로 만지거나 관찰하는 것을 포함하는 모든 종류의 과학 학습 활동(Millar et al., 1999)'을 일컫는다. 장소의 제약이 없고 교사의 시범을 관찰하는 것도 포함되며 실제 사물이 아닌 비디오 자료나 전산시늉(computer simulation)을 활용하는 것도 포함된다. '실험실 활동'도 실험실습과 거의 같은 의미로 쓰인다(Lazarowitz & Tamir, 1994). 그러나 '실험실습'이 학교 밖 활동을 포함하는 데 비해 '실험실 활동'은 주로 학교 과학 실험실에서 이루어지는 활동을 지칭한다(Hodson, 1985). 헤거티-헤이즐(Hegarty-Hazel, 1990b)은 '실험실 활동'에 대해 '의도적으로 고안된 환경에서 이루어지는 실천적인 활동으로 학생들은 계획된 학습 경험에 몰두하고 현상을 관찰하고 이해하기 위해 사물과 상호작용 한다'고 정의하였다.

탐구(investigation, inquiry, enquiry)는 문제 설정으로부터 결론 도출에까지 이르는 문제 해결의 전 과정을 지칭하는 말이다. 조희형과 박승재(1994)는 '넓은 의미의 탐구가 진리와 지식 또는 그와 관련된 정보를 추구하고 이해하는 일반적인 사고의 과정과 방식으로 정의된다'고 하였다. 또한 존재론적, 인식론적, 방법론적 기본가정에 따라 다르게 해석된다고 하였다. 즉 넓은 의미의 탐구는 일반적인 과학자들의 연구 활동 전반을 일컫는다고 볼 수 있으며 반드시 실물을 다루는 활동을 포함하지는 않는다. 과학교육 현장에서는 탐구중심의 과학 학습지도가 실험실습을 통한 과학 학습지도와 동일시되는 경향이 있지만 과학적 탐구와 과정의 속성과 특징에 비추어 볼 때 실험실습을 통한 과학 학습지도는 과학적 탐구중심 학습지도의 한 수단에 불과하다(조희형 & 박승재, 1994).

영국의 교육과정에서 비중 있게 다루어지는 '탐구(illvestigation)'는 '학생들에게 다양한 정도의 자율성을 허용하면서 해가 명확하지 않은 문제를 다루는 문제 해결의 한 형태(Gott & Duggan, 1995)'를 말한다. 이러한 정의에는 개방적 활동의 중요성을 강조하는 관점이 내포되어있다. 또한 미국과학교육표준에서는 '탐구(inquiry)'를 다음과 같이 설명한다. '과학자들이 자

---

2) 허드슨(Hodson, 1988)은 실험보다 실험실 활동을, 실험실 활동보다 실험실습을 더 넓은 범위로 파악하였다.

연 세계를 연구하여 자신의 연구로부터 얻은 증거에 기초하여 설명을 제안하는 다양한 방식을 일컫는다. 또한 과학적 개념 및 과학자들의 연구 방식에 대한 학생들의 이해를 계발하는 활동을 지칭한다(NRC, 1996).' 즉 탐구라는 용어는 과학자들의 연구 활동 또는 학생들의 과학 학습 활동을 총칭하는 데 쓰이기도 하고, 구체적으로는 과학의 과정을 강조할 때 주로 언급된다(조희형 & 박승재, 1994).

과학철학에서 실험의 의미는 과학 지식의 형성과정을 어떻게 바라보고 그 과정에서 실험의 역할을 무엇이라고 생각하는가와 관련되어 있기 때문에 역사적으로 계속 변화했다(2.1.2 참조). 마찬가지로 학교 과학 실험도 과학 학습 지도에서 어떤 역할을 강조하는가에 따라 다르게 정의될 수 있다.

학교 물리 실험은 학생들의 물리 학습에서 어떤 역할을 하는가? 역사적으로 과학교육에 실험이 처음으로 도입된 이래로 학교 과학 실험은 과학교육과정의 변화에 따라 다른 목적을 지향했고 다른 형태를 띠었다(Jenkins, 1989; Layton, 1990b; Gott & Duggan, 1996; Hodson, 1996a; Jenkins, 1998; Wellington, 1998b). 그러나 그 변화에도 불구하고 학교 과학 실험은 과학 과목의 독특한 특징이라고 여겨지며(White, 1988) 과학 수업은 반드시 실험실에서 이루어져야 한다고 주장하기도 한다(Solomon, 1980). 학생들에게 과학 실험실습(practical work)을 지도할 때 주의해야 할 점은 한 가지 실험실습을 통해 과학교육의 모든 목표를 달성하려고 해서는 안 된다는 점이다(Hodson, 1996b; Watson, 2000). 허드슨(Hodson, 1996b)은 그러한 의미에서 실험실습의 목적을 과학의 내용 학습(learning science), 과학의 방법 학습(learning to do science), 과학의 본성 학습(learning about science)으로 구분하여 재개념화해야 한다고 주장하였다. 최근 웰링턴(Wellington, 1998b)은 실험실습에 대한 다양한 주장을 인지적 주장(cognitive arguments), 정의적 주장(affective arguments), 기능 주장(skill arguments)으로 나눌 수 있다고 하였다. 연구자들마다 조금씩 차이는 있지만 과학 실험실습은 대체로 학생들이 과학의 내용과 탐구과정 그리고 과학의 본성을 학습하는 데 기여하며 정의적(affective)으로 긍정적인 효과를 줄 수 있다고 여겨진다. 각각의 주장을 간단히 살펴보면 다음과 같다.

첫째, 실험실습을 통해 과학의 내용을 학습할 수 있다는 주장은 다음과 같이 요약될 수 있다. '실험실습은 과학 법칙 및 이론을 시각화할 수 있기 때문에 과학에 대한 학생의 이해와 개념 발달을 증진시킨다. 실험실습을 통해 이론을 예시하거나 증명하거나 확증할 수 있다(Wellington, 1998b).' 이러한 주장에는 과학의 내용이 감각기관에 의해 감지될 수 있도록 드러날 수 있다는 생각이 전제되어 있다. 그렇지만 오스본(Osborne, 1995)은 과학의 내용에는 감각 운동적 경험을 옹호하는 주장으로는 설명될 수 없는 본질적으로 상징적인 측면이 있고 한정된 기구와 설비를 갖춘 학교 실험실에서 학습할 개념이 성공적으로 드러날 가능성은 복권에 당첨될 확률만큼이나 낮다고 지적한다. 실제로 학교 실험실에서는 학생들의 실험 결과가 예정된 과학(preordained science)과 달라 과학교사들이 진퇴양난에 빠지는 경우가 종종 발생한다(Nott & smith, 1995; Olsen, Hewson, & Lyons, 1996; Nott & Wellington, 1996).

둘째, 실험실습이 과학의 과정과 기능을 학습하는 데 중요한 역할을 한다는 주장은 실험실습을 통해 '조작적이거나 수공적 기능뿐만 아니라 관찰, 측정, 예상, 추리와 같이 좀더 높은 수준의 전이 가능한 기능을 계발할 수 있다'고 요약된다(Wellington, 1998b). 1980년대 미국의 SAPA(Science: A Process Skill) 또는 영국의 워윅 교육과정(Warwick Process Science)은 이러한 전제하에 실험실습에 대한 '과정적 접근'을 취했다. 그러나 과학에서 배우는 기능이 일반적이고 전이 가능하다거나 직업적 가치를 가진다는 주장에 대해서는 많은 논쟁이 있었다(Millar & Driver, 1987; Wellington, 1989; Woolnough, 1991; Toh & Woolnough, 1994). 특히 1990년대에 들어 탐구를 옹호하는 사람들은 학생들이 자율권을 가지고 탐구 전체를 경험할 때 과학의 과정을 더 잘 이해할 수 있다고 주장하며(Woolnough & Allsop, 1985; Woolnough, 1998), 가트와 더건(Gott & Duggan, 1996)은 이를 증거에 대한 이해와 결부시켜 설명한다. 그러나 다른 한편으로는 '과학적 탐구의 방법이 과연 존재하는가' 또는 '학교에서는 어떤 탐구의 방법을 가르쳐야 하는가?'라는 의문도 과학철학의 논의와 관련되어 제기되고 있다 (Hodson, 1996a, 1998a; Wellington, 1998b; Osborne, 1998).

셋째, 실험실습이 과학 본성 이해에 도움이 된다는 주장이다. 한마디로 정의할 수는 없지만 과학 본성은 대체로 인식론적인 측면에서 '과학 지식을 믿는 근거'와 사회학적인 측면에서 '과학 활동이 사회적으로 조직되는 방법, 그리고 과학자 공동체와 사회와의 관계'를 지칭한다(Leach, 1998). 이와 관련하여 과학사회학의 접근을 취하는 사람들은 실험실습을 과학적 사실을 발견하는 방법이 아니라 합의를 중시하는 관점에서 실험실습을 고안한다(Millar, 1989). 또한 과학사를 실험실습에 도입하여 과학의 본성에 주목하기도 한다(Höttecke, 2000; Heering, 2000; Barth, 2000).

넷째, 실험실습이 과학 학습에 정의적(affective)으로 도움이 된다는 주장이다. '실험실습이 동기를 부여하고 흥미와 열정을 불러일으키고 학생들의 기억을 돕는다'고 요약할 수 있다(Wellington, 1998b). 울노우(Woolnough, 1991)는 탐구(investigation)를 통해 학습되는 동기나 자신감과 같은 정의적 요소가 가장 높은 전이 가능성을 지닌다고 주장하였고, OPENS 프로젝트에서는 개방적 탐구(open investigation)가 학생들의 흥미와 동기를 고무시키고 소유의식과 책임감을 길러준다고 했다(Jones et al., 1992). 티틀러(Tytler, 1992)는 호주 빅토리아 주의 과학영재발굴대회(Science Talent Search)에서 수상한 학생들을 면담한 뒤 성공적인 결론을 이끌어냈던 학생들의 경우 흥미와 동기가 지력보다 중요한 요소임을 밝혔다(Tytler, 1992). 또한 윤혜경(2000)은 연속성, 실제성, 개방성을 특징으로 하는 확장적 과학 탐구가 정적(正的) 탐구 동기를 바람직한 방향으로 변화시켰다고 보고하였다. 그러나 정의적 목적이 실험실습의 주된 목적이 되어야 하는지는 분명하지 않다. 즐거움을 제공하기 위한 목적이라면 실험실보다 차라리 놀이터를 짓는 것이 낫다는 비판적인 지적도 있다(White, 1996).

이러한 실험실습의 여러 가지 역할 중에서 교사들은 어떤 역할을 중시하는가? 그동안 국외에서는 실험실습에 대한 교사들의 생각을 알아보기 위한 연구가 지속적으로 있었다(Woolnough, 1998; Wellington, 1998b; Donnelly,

1995). 울노우(Woolnough, 1998)에 의하면 영국의 교사들은 지난 30년 동안 기능과 태도 계발에 일관성 있게 가장 높은 순위를 매겼고 이론을 발견하거나 밝히는 것에는 훨씬 낮은 순위를 매겼다고 한다. 그러나 실제로 교사들은 이 결과와 달리 '이론과 관련된 구조화된 실험'을 학생들에게 가장 자주 시킨다고 응답하였다고 한다. 그동안 한국의 교사들을 대상으로 실험실습의 목적을 체계적으로 조사한 연구는 거의 없었다. 스와인 등(Swain, Monk, & Johnson, 1999)은 영국 킹스 칼리지의 과학교사 교육 프로그램에 참가한 영국, 한국, 이집트의 과학교사들을 대상으로 실험실습의 목적에 대한 태도를 조사하여 비교하였다. 이 연구에서 한국의 교사들은 다른 나라의 교사들에 비해 실험실습에 대해 실증주의적인 태도를 가지고 있었다. 스와인 등은 이것이 사실의 회상과 예시를 강조하는 한국의 실험실습 경향에서 기인한다고 분석하였다. 실제로 한국은 제6차 교육과정부터 과학의 방법이나 탐구를 강조하고 있지만 실제 중등학교 교과서가 탐구 중심의 과학 학습지도를 위해 개발되었다고 말하기 어렵다(조희형 & 박승재, 1994).

학교 물리 실험은 그 기준에 따라 여러 가지로 분류될 수 있다. 우선 실험이 이루어지는 공간에 따라 실험을 분류하면 크게 세 가지로 나눌 수 있다. '물질세계(physical world)'에서 사물을 조작하는 '실제 실험'과 컴퓨터를 이용한 '가상 세계(cyber world)'에서 이루어지는 '가상 실험' 그리고 인간의 '사고 세계(mental world)'에서 이뤄지는 '사고 실험'이다. 최근 들어 컴퓨터를 이용한 가상 실험이 학생들의 학습을 도울 수 있다는 연구 결과가 제시되면서 이를 활용하기 위한 많은 연구가 진행되고 있다. 또한 사고 실험은 물리학 발달과정에서 중요한 역할을 했던 실험이고(Kuhn, 1977c) 과학교육에서도 주목을 받고 있다(Gilbert & Reiner, 2000; Reiner & Gilbert, 2000).

심슨과 앤더슨(Simpson & Anderson, 1981)은 실험실 활동을 그 목표에 따라 표 2.1과 같이 여섯 가지 유형으로 나누었다. 콜레트와 치아페타(Collette & Chiappetta, 1989)도 이와 비슷하게 실험실 활동을 구분하였는데 이들은 확인 실험과 연역 실험을 하나로 묶었다.

표 2.1 실험실 활동의 유형(Simpson & Anderson, 1981)

유 형	목 표
확인 실험	추상적 지식에 대한 구체적 경험을 갖게 한다. 교사는 학생들이 교실에서 사전에 토론하거나 읽어서 알게 된 내용을 볼 수 있는 기회를 제공한다.
탐색 실험	새로운 소재와 현상을 인식하여 흥미를 갖게 한다. 교사는 학생들이 개방된 상태에서 새로운 소재와 현상을 탐색하고 조사하게 한다.
귀납 실험	몇 가지의 과학적 사실들을 의미 있는 일반 명제 및 원리로 조직화하게 한다. 교사는 답을 주지 않고 학생들이 주요한 개념이나 관계를 발견하게 한다.
연역 실험	주요한 개념이나 원리를 이용하여 주어진 현상을 설명하게 한다. 교사는 학생들이 이미 학습한 지식으로 현상을 설명, 예측, 서술하게 한다.
기능 계발	실험활동에 필요한 기능을 습득하게 한다. 교사는 학생들이 필요한 기술을 습득할 때까지 연습할 기회를 주고 되먹임과 도움을 준다.
과정 계발	과학의 문제 해결 과정을 활용하는 능력을 기른다. 교사는 학생들이 문제를 해결하고 해답을 설정하는 방법에 특별히 관심을 가지고 지도하며, 실험목적 달성이 어려울 때만 직접 도움을 준다.

표 2.2 탐구의 수준(Herron, 1971)

탐구의 수준	과 제	방 법	해
0	주어짐	주어짐	주어짐
1	주어짐	주어짐	개 방
2	주어짐	개 방	개 방
3	개 방	개 방	개 방

개방성을 기준으로 실험을 구분할 수도 있다. 개방성은 학생들에게 주도권을 주는 정도를 의미하며 대개 지시적 실험을 비판하고 '탐구'를 강조하려고 할 때 초점이 된다. 펠라(Pella, 1961)는 실험의 과정을 문제 진술, 가설 설정, 실험 계획, 실험 수행, 자료 수집, 결론 도출의 여섯 단계로 구분

한 뒤 각 단계가 교사 위주인지 아니면 학생활동 위주인지에 따라 실험수업의 형태를 다섯 가지로 나누었다. 탐구 실험(enquiring laboratory)을 주장했던 쉬워브(Schwab, 1962)는 개방성과 허용 정도에 따라 실험을 세 수준으로 나누었고, 헤론(Herron, 1971)은 표 2.2와 같이 문제, 과정, 결론이 각각 개방되었는지 아니면 주어졌는지에 따라 탐구의 수준(level ofenquiry)을 수준 0에서 수준 3으로 나누었다.

영국에서 실시된 OPENS 프로젝트(Jones et al., 1992)에서는 탐구 과제의 개방성을 연속적인 것으로 보고 그림 2.1과 같이 문제정의, 방법 선택 그리고 해답의 세 가지 측면에서 과제의 개방성을 논의하였다.

최근에 밀러 등(Millar et al., 1999)은 실험실습의 효과를 좀더 명확하고 구체적으로 질문하기 위해 그림 2.2와 같은 틀을 만들었다. 이 틀은 '실험실습의 목적(A차원)'과 '과제의 특성(B차원)'으로 이루어져 있다.

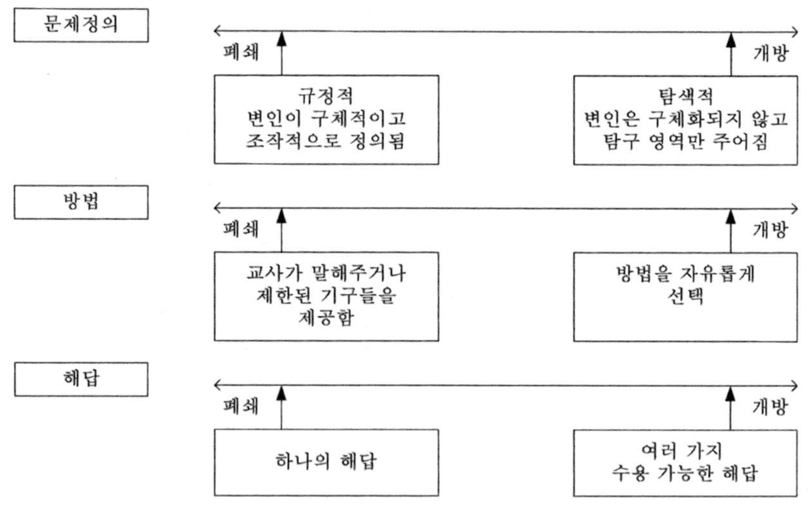

그림 2.1 개방성의 연속성(Jones et al., 1992)

A. 의도하고 있는 학습 결과(학습 목표)
a. 물체와 현상을 인식하고 친숙해지게 한다.
b. 사실을 학습하도록 돕는다.
c. 개념을 학습하도록 돕는다.
d. 관계를 학습하도록 돕는다.
e. 이론/모형을 학습하도록 돕는다.

f. 측정도구를 사용하거나 장치를 꾸미는 방법을 학습하도록 돕는다.
g. 표준화된 과정을 수행하는 방법을 학습하도록 돕는다.
h. 탐구를 계획하고 구체적 문제를 다루는 방법을 학습하도록 돕는다.
i. 자료를 처리하는 방법을 학습하도록 돕는다.
j. 결론을 지지하기 위해 자료를 이용하는 방법을 학습하도록 돕는다.
k. 연구 결과를 의사소통하는 방법을 학습하도록 돕는다.

B1. 과제 설계의 특징
 B1.1 학생들이 관찰 가능한 대상으로 무엇을 하기를 의도하는가?
 B1.2 학생들이 개념으로 무엇을 하기를 의도하는가?
 B1.3 과제가 대상에서 시작되는가, 개념에서 시작되는가?
 B1.4 과제의 개방성 정도
 B1.5 학생들의 과제 참여 정도

B2. 과제의 맥락
 B2.1 과제 지속 시간
 B2.2 과제를 수행하는 동안 학생들이 상호작용 하는 사람
 B2.3 과제에 관해 학생에게 주어진 정보
 B2.4 관련되어 있는 기구의 종류

B3. 학생들의 과제 수행 기록
 B3.1 기록의 특징
 B3.2 기록의 목적
 B3.3 기록의 독자

그림 2.2 실험실습과제 분류를 위한 차원들(Millar et al., 1999)

2.1.2. 물리학 실험의 성격

물리학의 발달과정에서 실험은 어떤 역할을 했는가? 본 절에서는 먼저 실험에 대한 과학철학의 논의를 검토하여 물리학 실험의 성격이 학교 물리 실험에 주는 시사점을 논의하고자 한다.

19세기에 과학 지식을 얻게 되는 과정에 대한 과학 철학자들의 관점은 크게 두 가지로 나누어져 있었다(Layton, 1990b). 하나는 관찰과 실험에 의해서 새로운 사실들을 발견한다는 소박한 귀납주의 입장이고, 다른 하나는 이론과 생각에 의해서 유도된 실험만이 의미가 있다는 연역주의 입장이었다. 19세기의 유명한 화학자였던 험프리 데이비(Humphry Davy)는 그의 저서인 '화학철학의 원리(Elements of chemical Philosophy)'에서 다음과 같이 귀납주의 견해를 밝히고 있다(Hacking(1983)에서 재인용).

> 화학철학의 원리는 관찰, 실험, 유비이다. 사실은 관찰에 의해 명확하고 상세하게 각인되고, 유비에 의해 유사한 사실들이 연관지어지며, 실험에 의해 새로운 사실이 발견된다. 유비에 의해 안내된 관찰 사실이 실험으로 이어지고, 실험에 의해 입증된 유비가 과학적 진리가 되면서 지식이 발달한다.

반면 당대의 화학자들 중에는 데이비와 달리 연역주의 견해를 가진 사람들도 있었다. 그중 한 사람인 리비히(Justus von Liebig)는 다음과 같이 연역주의를 옹호하였다(Hacking(1983)에서 재인용).

> 베이컨은 모든 종류의 탐구에서 실험에 커다란 가치를 부여한다. 그러나 그는 그 의미를 잘 이해하지 못하고 있다. 그는 실험이 일단 작동하기 시작하면 저절로 결과를 산출하는 기계적 과정이라고 생각한다. 그러나 모든 과학 탐구는 연역적이거나 선험적이다. 실험은 마치 계산처럼 단지 사고의 보조수단일 뿐이다. 실험이 의미를 지니려면 반드시, 그리고 항상

사고가 앞서 있어야 한다. 대개 사람들이 말하는 경험적인 연구는 존재하지 않는다. 옹알거리지 못하는 아이가 노래를 부를 수 없는 것처럼, 과학 연구에서도 실험은 이론보다 앞설 수 없다.

데이비와 리비히의 주장처럼 귀납주의와 연역주의는 실험과 이론 중 어느 것이 우선인가에 대해, 즉 과학 이론 형성에서 실험의 역할이 무엇인가에 대해 서로 다른 전통을 형성하였다. 그러나 이후 논리 실증주의는 과학 철학의 영역을 가설을 제안하는 발견의 맥락(context of discovery)이 아니라 정당화의 맥락(context of justification)으로 한정지었고, 실험은 가설을 검증하는 수단으로만 다루어지게 되었다.

헴펠(Hempel, 1966)은 정당화의 맥락에서 귀납적 방법의 한계를 지적하고 이를 가설-연역적인 방법으로 해석하였다. 그는 귀납법의 첫 단계인 사실을 관찰하고 기록하는 단계에서 어떤 자료가 수집되어야 하는지를 결정하기 위해서는 가설이 존재해야 하며 자료의 분석 역시 가설에 근거할 수밖에 없다고 지적하였다. 가설-연역적인 방법에서는 가절을 평가하기 위해 과학적 가설로부터 예측할 수 있는 관찰 혹은 실험 결과를 연역적으로 도출해 내고, 그것을 실제의 관찰 및 실험 결과들과 비교한다. 즉, 헴펠 이후의 논리 실증주의자들에게 있어서 실험의 의미는 가설의 참과 거짓을 검증하기 위한 객관적인 자료를 제공하는 도구이었다. 이것은 객관적 자료를 통한 가설의 논리적 검증(verification)에서 한 발 물러서서 경험적인 지지, 즉 입증(confirmation)을 주장했던 논리 경험주의에서도 마찬가지였다. 또한 논리 실증주의의 검증가능성에 반대하고 반증가능성(falcifiability)을 새로운 기준으로 제시하였던 칼 포퍼(Karl Popper)도 실험에 대해서는 근본적으로 같은 입장을 가지고 있었다.

반면에, 이론가는 이미 오래전에 자신의 연구의 대부분, 혹은 적어도 중요한 부분만은 끝내두어야 한다. 이론가는 가능한 빈틈없이 그의 질문을 명확히 해 두어야 한다. 실험가에게 방법을 제시하는 사람은 이론가이다.

그러나 실험가조차도 정확한 관찰을 할 수 있는 것은 아니다. 실험가의 작업도 대체로 이론적인 활동이다. 실험의 계획 단계에서부터 끝까지 이론이 실험 활동을 지배한다(Popper, 1965).

관찰과 실험을 통해 가설을 검증 혹은 반증할 수 있다는 주장은 크게 세 가지 견해에 의해 공격을 받았다. 첫째는 뒤엠-콰인 테제이고, 둘째는 관찰의 이론 의존성, 셋째는 과학 지식의 사회적 성격을 강조하는 견해에 의해서였다.

첫째, '뒤엠-콰인 테제(Duhem-Quine Thesis)'에 따르면 증거는 과학 이론을 충분하게 결정하지 못한다(underdetermine). 뒤엠(Duhem, 1982)은 '물리 이론의 목적과 구조(The Aim and Structure of Physical Theory)'에서 이 점을 강조하였고, 포퍼(Popper, 1968)도 '과학적 발견의 논리(Logic of scientific Knowledge)'에서 이를 부분적으로 도입하였다. 이후에 콰인(Willard van Orman Quine)은 '논리적 관점에서(From a Logical Point of View)'에서 이를 더욱 발전시켰다.

과학은 경험이라는 경계조건을 가진 힘의 장(filed of force)과 같다. 경계에서 경험과 모순 되는 일이 일어나면 장 내부에 재배열이 일어난다. (……) 그러나 단일한 경험에 비추어 어떤 진술을 재평가할지에 대해서는 선택의 여지가 넓다(Matthews, 1994)

매튜(Matthews, 1994)는 뒤엠-콰인 테제를 두 가지 형태로 설명하였다. 한 가지는 예측한 것과 일치하는 긍정적인 결과가 나왔다고 해서 이론이 참이라고 할 수 없다는 점이고, 다른 한 가지는 뒤엠이 서술했듯이 예측이란 검토하고 있는 이론에서만이 아니라 그 이론 및 이를 뒷받침하는 배경이론으로부터 나오기 때문에 예측한 대로 결과가 나오지 않았다고 해서 이론이 거짓이라고 할 수 없다는 점이다. 이러한 맥락에서 뒤엠은 물리학에서 결정적 실험(crucial experiment)이 존재할 수 없다고 주장하였다(Duhem, 1996).

결정적 실험을 부정하는 뒤엠의 주장은 이후 라카토슈(Lakatos)와 쿤에게서도 찾아볼 수 있다(이상원, 2000).

둘째, 정당화의 맥락이 아닌 발견의 맥락에 주목하던 과학철학자들에 의해 제기된 관찰의 이론 의존성(theory-laden)은 실증주의의 오류를 지적하면서 이후 쿤, 라카토슈, 파이어아벤트 등에 의한 새로운 접근을 유도하는 계기가 되었다. 핸슨(Hanson, 1965)은 '과학적 발견의 패턴들(Patterns of Discovery)'에서 "케플러와 티코 브라헤가 일출을 보고 있을 때 두 사람은 같은 것을 보고 있는 것인가?"라는 질문을 던진다. 핸슨에 따르면 관찰한다는 것 또는 본다는 것은 경험으로서 이는 단순히 사람의 안구와 사물의 상이 만난다는 것 이상의 무엇인가가 포함된 것이다. 여기서 '그 이상의 무엇'은 보여진 것에 대한 해석이라고 볼 수 있고 해석의 과정은 관찰자의 마음 또는 뇌 어딘가에서 진행되는 개념적 조직화이다. 그런데 이러한 개념적 조직화는 관찰자가 임의적으로 관찰 대상에게 부여하는 것이 아니라 관찰자도 알지 못하는 사이에 순간적으로 이루어진다. 즉 관찰자가 이미 소유하고 있는 지식, 개념 또는 이론 등에 좌우된다. 따라서 본다는 것은 대상이 되는 어떤 것을 독립적으로 보는 것이 아니라 그것과 관련된 맥락 전체를 보는 것이며, 그렇기 때문에 이론 의존적이라는 것이다(Hanson, 1965).

핸슨의 이러한 주장은 쿤에게 이어져서 패러다임이 변화할 때 수반되는 과학자들의 지각의 전환과 연결된다. 쿤은 핸슨이 지적한 산양 – 물새의 형태 전이에 해당하는 변화가 과학혁명 전후의 과학자들에게서 나타난다고 보았다. 그는 천문학에서 천왕성의 발견, 갈릴레이의 진자 운동 관찰 등을 예로 들면서 핸슨이 심리학적인 형태 변화로 지적했던 관찰의 이론 의존성을 패러다임의 전환으로 확대 적용시켰다. 즉, 패러다임의 변화를 게슈탈트 – 변이에 비유하였다. 쿤이 관찰에 대해 가졌던 입장은 과학혁명 전후의 패러다임의 관찰 결과를 비교하는 것이 불가능하다고 지적한 '공약불가능성(incommensurability)'에서도 드러난다. 관찰 결과는 패러다임 – 중립적인 언어가 주어져 있을 때만 비교가 가능한데 그러한 것이 주어질 수 없기 때문이다.

파이어아벤트(Feyerabned, 1962)는 가치중립적인 관찰 언어를 강하게 부정하였다. 그는 '설명, 환원, 그리고 경험주의'에서 관찰 진술은 이미 이론적인 배경을 지닌 용어를 이용해 이루어지기 때문에 이론과 구별할 수 없다고 주장하였다. 우리가 쉽게 동의하고 신뢰할 수 있는 것이 관찰 진술이라는 점에서 실용적으로 구분되는 것일 뿐, 구별이 되는 것은 개개인이 가진 지식, 경험, 현상에 대한 친숙성에 달려있는 것이다. 즉 관찰 용어와 이론 용어 사이의 구분은 맥락-의존적이다. 애친스타인(1965)은 관찰 가능한 것과 관찰 불가능한 것 사이의 구별이 맥락-의존적인 대비라는 점을 지적하여 파이어아벤트의 결론을 뒷받침하였다(존 로지, 1999). 우리가 안개상자 속의 전자의 궤적을 보면서 전자를 관찰한다고 하거나 현미경을 통해 세포를 관찰하는 경우, 관찰 가능한 것과 관찰 불가능한 것을 분류하는 것은 분류의 목적에 의존할 수밖에 없기 때문이다.

셋째, 쿤, 콰인, 핸슨 등의 철학적, 역사적 주장은 1970년대와 80년대에 이르러 '과학의 내용이 사회적 요인에 의해 구성된다'는 과학사회학의 명제로 정리되었다. '스트롱 프로그램(Strong Program)' 또는 'SKK(Sociology of Scientific Knowledge)' 등은 이들을 지칭하는 말이다. 실험 데이터가 과학 이론을 충분히 결정하지 못한다는 콰인의 불충분 결정이론은 사회적 이해관계가 실험 데이터와 결합해서 이론을 "충분히" 결정한다는 "사회적 결정론"으로 변형되었다. 덧붙여 관찰의 이론 의존성은 과학이 객관적, 보편적이 아니라 주관적, 사회적임을 보이는 증거로 원용되었고 쿤의 공약불가능성은 과학에서 서로 다른 주장들의 진위가 단지 상대적일 뿐이라는 극단적인 상대주의의 기초가 되었다(홍성욱, 1997).

특히 연구자들이 집단적으로 연구를 수행하는 실험실 과학에 관심을 둔 피커링(Andrew Pickering), 콜린스(Harris Collins) 등은 실험 결과에 대한 과학자들의 합의를 중요시하는 주장을 펼쳤다. 어떤 실험의 결과가 제대로 나온 것인지 여부를 알려면 실험을 반복해서 결과를 보아야 한다. 이때 반복된 실험이 성공적인지 판단하게 해주는 기준은 일정하지 않으며 실험의 성공은 실험 장치의 안정성 등에 대한 믿음에 의존한다. 서로 다른 이론을 믿고 서로 다른 장치를 쓰는 다른 실험집단 사이에는 반복된 실험의 성공에 대한 논쟁이 계속될 수밖에 없는데 이를 '실험자의 회귀(experimenter's regress)'라고 불렀다. 콜린스는 실험자의 회귀가 해소되고 실험이 끝나는 것은 바로 이해관계에 의한 실험과학자 간의 사회적 동맹 때문이라고 주장하면서 사회학적 결정론을 옹호하였다(이상원, 2000).

 일부 과학 사회학자들은 과학자집단의 실험을 가까이에서 분석하여 이러한 주장의 근거를 찾으려고 노력하였다. 라투르와 울가(Latour & Woolgar, 1986)는 '실험실 생활(Laboratory Life)'에서 미국의 유명한 생물학 연구소인 사크 연구소(salk Institute)에서 일하는 과학자들의 활동을 분석했다. 이 책에서 라투르는 TRF 호르몬의 발견이 서로 다른 두 연구 팀 사이의 절충과 합의에 의해 '구성된 것'이지 콜롬부스가 미국 대륙을 발견하듯 발견한 것이 아님을 주장했다. 피커링(Pickering, 1984)은 '쿼크의 구성(Constructing Quarks)'에서 물리학자들이 20세기 입자물리학의 최고 개가라고 간주하는 기본 소립자 쿼크의 발견이 '이것이 있다면 입자 물리 이론과 실험에 더할 나위 없이 좋겠다'라는 입자물 리학자들의 기대와 합의가 만들어낸 것이지 발견한 것이 아니라고 주장했다. 라투르(Latour, 1987)는 구성주의의 고전이라고 할 수 있는 그의 저서 '만들어지는 과학(Science in Action)'에서 과학이 정치나 법률처럼 인간의 서로 다른 이해의 타협의 산물임을 설파했다(홍성욱, 1997).

 과학 이론과 실험의 관계를 정당화의 맥락에서 바라보던 논리 실증주의에서 관찰과 실험은 단지 이론을 검증하기 위해 객관적인 자료를 얻는 수단이었다. 이론이 실험에 의해 검토될 수 없다는 뒤엠－콰인 테제, 관찰이 이론 의존적 성격을 가진다는 주장, 그리고 과학자들의 합의를 중시하는 과학사회학의 주장이 제기된 이후에 실험을 통해 이론을 검증할 수 있다는 주장은 공격을 받아왔다. 최근에 과학철학에서는 실험의 독자적인 성격에 주목하는 논의가 진행되고 있는데 이들은 발견의 맥락에서 실험의 역할, 즉 이론을 야기하는 역할에 주목한다(이상원, 1996).

해킹(Hacking, 1983)은 그의 책 '표상하기와 개입하기(Representing and Intervening)에서 실험은 이론에 지배되지 않는 고유의 생명을 갖는다고 주장하였다. 그는 과학사의 사례를 들어가며 실험이 이론 야기적 성격을 지니고 있다고 설명한다(Hacking, 1983). 흑체 복사 실험의 결과를 해석하려는 가운데 양자 개념이 등장하고, 열역학사에서 엔진을 개선하는 가운데 카르노 사이클과 열효율 개념이 등장한 것이 그 예이다. 그는 이론에 앞서는 실험들이 과거에 많이 존재했고 이 실험들이 훗날 이론을 구성하게 하는 역할을 했다고 주장한다. 뉴턴의 빛의 분산에 대한 연구, 후크와 뉴턴의 얇은 막 색깔에 대한 연구는 모두 이론에 앞선 것이었고 뉴턴 링이라는 간섭현상으로 이어졌다. 그러나 이 현상들에 대한 최초의 정량적 설명은 백년 후인 1802년 토마스 영(Thomas Young)에 의해 비로소 이루어졌다. 데이빗 부르스터(David Brewster)는 빛이 입자로 이루어져 있다는 뉴턴 체계를 받아들이고 있었지만, 빛이 어떻게 움직이는지를 알아내려는 노력으로 편광의 반사와 굴절 법칙을 규명하고 변형력을 받는 물체에서 복굴절을 유도하고 쌍축성 복굴절을 발견할 수 있었다. 해킹은 발명에 대해서도 유사한 입장을 취하였는데 열역학의 역사는 실제적인 발명이 있은 후 이들 발명이 점차로 새로운 해석으로 이어짐을 보여준다고 하였다. 증기 기관은 뉴커먼(Newcomen)의 기압엔진(1709-15), 와트(Watt)의 압축엔진(1767-84), 트레비딕(Trevithick)의 고압엔진(1798)을 거치면서 성능과 효율이 획기적으로 개선되었는데 이러한 개선은 이론에 바탕을 둔 것이 아니라 시행착오에 근거한 것이었다. 엔진의 효율, 카르노 사이클과 같은 개념은 이러한 과정에서 성립된 개념이라는 것이다.

해킹(Hacking, 1983)은 이와 같이 실험의 이론 야기적인 특성 중에서 특히 실험의 중요한 기능이지만 그간 간과되어 왔던 것으로 '현상을 창조하는' 역할을 지적하였다. 1879년 존스 홉킨스 대학의 학생이었던 홀(E. H. Hall)은 로우랜드(Rowland) 교수로부터 제임스 클럭 맥스웰의 즉흥적인 언급을 탐구해 보라는 요청을 받았다. 맥스웰은 '전기와 자기에 관한 논문'에서 전류가 흐르는 도체가 자기장 속에 있을 때 자기장은 도체에만 영향을 주고 전류에는 영향을 주지 않는다고 썼다. 홀은 맥스웰의 언급이 도체의 저항이 자기장에 의해 영향을 받거나 또는 전기 포텐셜이 생긴다는 것을 의미할 것이라고 추측하였다. 그는 첫 번째 효과를 얻는 데 실패했지만 결국 두 번째 효과를 얻을 수 있었다. 자기장과 전류에 수직인 금속박 조각에서 전위차를 얻을 수 있었던 것이다. 홀 효과(Hall Effect)라고 일컬어지는 이러한 현상은 맥스웰의 언급에서 착상을 얻은 것이었지만 맥스웰이 생각했던 현상과 같은 것은 아니었다. 해킹은 홀이 이론을 시험한 것이 아니라 탐색을 하였다고 지적하였다.

프랭클린(Franklin, 1981)은 그의 논문 '무엇이 '좋은' 실험을 만드는가?'에서 '개념적으로 중요한 실험들'을 분류하였다. 그는 기존의 이론에 의해 예측되지 않던 새로운 현상을 보여주고 새로운 이론의 형성을 요구하는 실험을 '좋은' 실험의 한 가지 부류로 언급하였다. 그는 1895년 뢴트겐(Rontgen)의 X선 발견이나 팅(Ting 1974)과 리히터(Richter 1974) 등의 Ψ입자 발견을 예로 들었다. 이들은 유가와(Yukawa)가 예측했던 Π중간자의 발견 그리고 디랙(Dirac)이 예측했던 양전자 및 반양전자의 발견과 함께 모두 노벨상을 수상하였다. 프랭클린은 1956년 라이네스(Reines)와 코완(Cowan)이 중성자를 발견한 실험이 기술적으로 더 어려운 실험이었음에도 불구하고 노벨상을 받지 못한 이유는 중성자가 이미 이론적으로 제안되고 확립되어 있었기 때문이라고 분석하였다.

해킹과 프랭클린의 지적은 이미 확립되어 있는 이론에서 예측하는 현상을 만드는 것뿐만 아니라 새로운 현상을 만들어내는 것도 실험의 중요한 역할이었고 이것은 새로운 이론의 형성으로 이어진다는 점을 보여주고 있다. 홍성욱(1999)은 과학과 기술의 상호작용에 대해 논하면서 '현대 기술은 과학의 내용과 방법이 응용된 응용과학이다'라는 식의 소박한 견해를 뛰어넘어 기술을 지식으로 보고 과학을 실천으로 보아야 한다고 제안한다. 그는 80년대 과학사, 과학철학, 과학사회학의 논의를 통해, 실험실에서 기기를 만들고 이를 가지고 자연에 개입하고 측정하고 이들을 조작해서 새로운 '현상'이나 '효과'를 만들어내는 것이 근대 과학 이후 과학의 가장 고유한 특성이며, '실천으로서의 과학'의 새로운 이미지가 만들어졌음을 지적하였다. 과학자들이 실험실에서 수행하는 실천의 모습과 엔지니어의 실천은 모두 어떤 특정한 목적을 달성하기 위해 기기와 대상을 조작하고 이로부터 특정한 효과를 얻어내려 하며 이를 얻어내지 못했을 경우 그동안 축적된 다양한 방법을 사용해서 기기나 대상, 이들의 배열 형태를 바꾸고 기계나 기기의 효율을 높이기 위해 여러 가지 방법을 사용한다.

그러나 해킹이 지적하듯이 현상이나 효과를 얻기 위한 실험에서 현상은 잘 구현되지 않는다.

실험이 반복 가능해야 한다는 말보다 더 친숙한 격언은 없을 것이다. (······) 그러나 모순적이게도 고등학교 수준부터 대학 수준에 이르기까지 대부분의 실험은 잘 되지 않는다. ······ 숫자는 조작되고, 반응은 일어나지 않고, 박테리오파지는 잘 자라지 않는다. (······) 실험한다는 것은 현상을 창조하고, 만들어내고, 정제하고, 안정화시키는 것이다. (······) 현상을 안정된 방법으로 만드는 것은 어려운 일이다. 그래서 현상을 단지 발견하는 것이 아니라 창조한다고 말하는 것이다. (······) 끝없는 일들이 계속된다. (······) 잘 되도록 실험을 설계하고 (······) 실험이 잘 되게 하는 방법을 배우고 (······) 정말 중요한 것은 언제 실험이 잘 되는지를 아는 것이다. 그래서 관찰은 상대적으로 작은 역할밖에 못한다. 눈금을 읽고 보고서를 쓰는 것은 아무것도 아니다. (······) 중요한 것은 자신의 실험기구에서 이상하고 잘못되고 왜곡된 것을 알아채는 것이다. 실험가는 단지 전통적인 의미의 '관찰자'가 아니라 주의를 게을리 하지 않는 사람이다. 기구가 제대로 작동하게 했을 때에야 실험가는 관찰을 하고 기록할 수 있게 된다. (······) 학교 실험실의 학생들은 대부분은 언제 실험이 잘 되는지 알아채는 능력을 얻는 데 실패하고 있다. 모든 생각을 다 하고, 설계하고, 수행하지만, 뭔가가 빠져 있다. 물론 언제 실험이 잘 되는지를 아는 능력은 이 방법이 어떻게 작동하는지를 충분히 아는 것을 포함한다(Hacking, 1983).

라투르(Latour, 1987)는 '확립된 과학(ready made science)'과 '진행 중인 과학(science in the making)'을 구별하였다. 중등학교의 물리 학습 상황에서 대상이 되는 물리학은 진행 중인 것이 아니라 이미 확립된 것이다. 정당화의 맥락에 있는 물리학 실험을 예시적 학교 물리 실험에 비유할 수 있다면 이론 야기적 성격의 물리학 실험은 학생들이 물리 개념을 더 폭넓게 이해하고 그 필요성을 느낄 수 있도록 맥락을 형성하는 실험에 비유할 수 있을 것이다. 학교 물리 실험은 과학철학적으로 타당한 관점을 바탕으로 해야 할 뿐만 아니라 학생들의 특성을 반영해야 한다(김찬종, 1993). 앞서 제시했던 현상 구현 활동은 과학철학에서 말하는 실험의 역할에 비추어 볼 때 한 가지 의미 있는 실험 활동이라고 할 수 있다.

2.1.3. 현상 구현 활동의 의의와 성격

2.1.1절에서 논의하였듯이 학교 물리 실험의 역할과 종류는 그 기준에 따라 다양하다. 본 연구에서는 학교 물리 실험의 역할들 중에서 물리학의 내용 학습과 과정 학습에 초점을 맞추어 학교 물리 실험을 다음과 같이 정의하였다. 학교 물리 실험은 조작 활동과 사고 활동의 상호작용을 통해 물리학의 탐구과정을 능동적으로 수행하고 동시에 물리 개념에 대한 이해를 넓혀가는 활동이다. 이와 같이 정의할 때 학교 물리 실험은 전통적 의미의 '실험'뿐 아니라 '실험실습'이나 '실험실 활동'까지 포함한다. 본 절에서는 우선 과학교육에서 그동안 시도되었던 여러 종류의 실험들이 지닌 특징과 한계를 평가하고 '현상 구현 활동'이라는 새로운 활동을 학교 물리 실험으로 제안하려고 한다.

학교 과학 실험이 과학 학습을 도울 수 있다는 주장은 오래전부터 있었다. 화이트(White, 1996)는 실험실 활동의 핵심적인 목표가 사실과 설명에 대해 깊이 있게 이해하도록 돕는 것이라 했고, 라자로비츠와 타미르 (Lazarowitz & Tamir, 1994)는 과학이란 아주 복잡하고 추상적인 주제를

44

포함하기 때문에 고등학생들일지라도 실험실에서 직접 조작해보는 구체적인 기회가 없으면 과학 개념을 습득하는 데 실패할 것이라고 했다. 애친슨 (Atkinson, 1990)은 많은 과학 실험실습(laboratory exercise)의 목적이 특정한 기호나 사실, 그리고 개념을 학습하도록 하기 위한 것이라 했고 건스톤과 샴페인(Gunstone & A. B. Champagne, 1990)은 구성주의 관점에서 실험실습이 개념 변화에 기여할 수 있다고 주장했다.

과학 개념 이해를 목적으로 이루어졌던 학교 실험들 중 대표적인 것이 확인 실험이다. 확인 실험은 과학 개념이나 법칙을 학습한 뒤 그에 대한 구체적인 경험을 제공하는 실험으로(Collette & Chiappetta, 1989) 대개 지시적인 성격을 띤다. 지시적 실험의 역사는 실험이 처음 학교 과학교육에 도입되던 시기로 거슬러간다. 영국의 경우 19세기경 학생들의 흥미를 끌기 위해 과학 수업에 실험을 도입하기 시작한 이래(Layton, 1990b) 실험실은 각급 학교에서 국가의 장려를 받으며 널리 보급되었다. 과학 실험교육 역사를 분석한 젠킨스(Jenkins, 1995)는 20세기 초에 중등학교에서 대규모 물리 실험실습이 가능했던 이유를 표준 실험이 개발되고 실험 교재와 안내서가 출판되었던 것에서 찾는다. 당시의 학생들은 실험에 대해 상세히 서술된 유인물을 가지고 고체의 무게중심을 찾거나, 단진자의 주기를 측정하거나, 고체와 액체의 밀도를 알아내거나, 물이 냉각 또는 기화할 때의 잠열을 알아내는 실습을 하였는데(Jenkins, 1995) 이는 당시에 성행하던 많은 실험이 소위 요리책 따라 하기 방식의 표준화된 실험이었음을 보여준다. 지시적 실험은 책을 통해 쉽게 보급될 수 있었고 현재에도 물리 교과서에서 많이 등장하는 실험이다.

이러한 확인 실험 또는 지시적 실험은 학생들의 실험이 과학자들의 탐구와 같아야 하고 학생들에게 과학적 방법을 가르쳐야 한다는 주장에 의해 비판을 받았다. 학생들의 실험이 과학자들의 탐구와 같아야 한다는 근거에서 제기된 실험 중 1960년대에 유행했던 실험이 발견 실험이다. 발견 실험은 학생이 실험을 통해 몇 가지 과학적 사실들을 의미 있는 일반 명제와 원리로 조직화하는 활동으로 교사가 학생들에게 답을 주지 않고 중요한 개념이나 관계를 스스로 발견하게 하는 실험이다(Simpson & Anderson, 1981). 발견 실험은 1960년대에 유행했던 실험이지만 그 기원은 19세기 말까지 거슬러 올라간다. 19세기 말 영국의 암스트롱(Armstrong)은 당시의 표준화된 실험을 비판하면서 '자기발견법(hurism)'을 주창했는데 이것은 이후 20세기 초 피아제의 연구에 힘입어 다시 주목을 받게 되었다. 또한 미국에서는 쉬워브(Schwab)와 부르너(Bruner)의 저작들이 발견 학습을 뒷받침했다(Hodson, 1996a). 발견 실험은 과학 탐구에 대한 소박한 귀납주의에 바탕을 두고 있었는데 1960년대 영국의 너필드 프로젝트(Nuffield project)에서 제시했던 실험들과 쉬워브의 '탐구 실험(enquiring laboratory)'이 이에 해당한다. 쉬워브(Schwab, 1962)는 교리적인 실험을 탐구로 바꾸기 위해 첫째, 실험실 활동이 교실 수업을 뒤쫓기보다 이끌어야 하고 둘째, 교리적인 교육과정의 목적에 기여하는 단순한 시범 기능이 다음과 같은 두 가지 기능으로 바뀌어야 한다고 주장했다. 한 가지는 자료를 얻는 과정에서 겪는 문제와 어려움을 학생들이 구체적으로 경험하는 것이고, 다른 한 가지는 축소된 탐구를 수행할 수 있는 기회를 제공하는 것이다. 그는 탐구 실험이 교실과 실험실, 그리고 마음과 손의 인위적인 구별을 없앨 것이라고 주장했다. 그러나 발견 실험은 지시적 실험실습이 지닌 한계를 극복할 수 있는 잠재가능성에도 불구하고 많은 비판을 받았다. 특히 객관적인 관찰과 자료 수집을 통해 과학 개념과 법칙에 이를 수 있다는 소박한 귀납주의는 과학교육자들뿐만 아니라 과학철학자들로부터 비판을 받았다. 허드슨(Hodson, 1996a)은 발견 실험에 대해 '철학적으로도 건전하지 않고 교육적으로 실현 불가능했다'고 평가하였다.

소박한 귀납주의 이후 논리 실증주의 과학철학에서는 과학적 지식을 얻는 방법을 가설 연역적 방법으로 해석하였고 여기서 실험은 가설의 참과 거짓을 검증하기 위해 객관적 자료를 얻는 방법이었다. 1980년대의 '과정적 접근(process approach)'이 비판을 받게 되면서 1990년대에 강조되기 시작한 일부 탐구 활동은 이러한 가설 연역적 방법을 탐구의 방법으로 받아들였다. 가설 연역적 방법은 비록 1960년대의 소박한 경험주의에서는 벗어났지만 탐구란 '문제 인식-가설 설정-실험 설계-실험 수행-결론 도출'이라는 일련의 과정을 따른다고 가정하였다. 비록 탐구를 강조했던 연구자들은 학생들에게 과학의 내용보다 과정을 지도하는 데 관심이 있었지만 (Woolnough & Allsop, 1985; Woolnough, 1994), 과학 내용 학습의 측면에서 볼 때 가설 연역적 실험은 학교 실험이 과학의 법칙과 이론을 시험하는 도구라고 가정하고 실험을 통해 이론이 참임을 보임으로써 학생들에게 물리학의 내용을 설득하려는 접근 방식을 취했다.

확인 실험과 발견 실험 그리고 가설 연역적 실험은 서로 다른 과학적 탐구 방법을 전제로 했지만 이 실험들은 특정한 현상을 설명하기 위해 이미 인정받은 과학 지식을 어떻게 활용하는지 가르치려는(Leach, 1995) 예시적 (illustrative) 목적을 지니고 있었다. 예시적 실험에서는 이미 확립되어 있는 물리학의 이론에 따라 나타날 결과와 현상이 예정되어 있다. 교사든 학생이든 실험을 제대로 수행했다면 반드시 그 현상이 나타나야 하고 실험에 대한 토론에서는 그 현상의 필연성을 설명해주는 개념과 법칙에 초점을 맞춘다. 물론 예시적 실험은 학생의 주의를 분산시키는 요소를 제거하고 개념을 잘 드러내는 현상을 만들어냄으로써 물질세계의 경험과 물리 개념을 연결지어주는 역할을 했지만 학교의 물리 학습 상황에서 여러 가지 문제를 불러일으켰다.

우선 예시적 실험에는 결과가 예정되어 있기 때문에 교사들이 실제로 실험을 지도할 때 어려움을 겪는다. 노트와 스미스(Nott & smith, 1995)는 초등학교와 중등학교 교사들을 대상으로 실험실습이 '잘못되었을 때' 어떻게 하는지 조사하였다. 교사들은 대개 기구나 학생들의 실험 능력을 탓하면서 또는 실험이 원래 불안정한 것이라고 과학의 본성에 호소하면서 '둘러대거나', 학생들에게 보여주려는 부분을 잡음 없이 제시하기 위해 '실험기구를 사전에 조작하여' 실제 현상과 다른 통제된 현상만을 보여주고 다른 현상에 대해서는 언급을 회피하거나, 또는 실험이 '잘 되게 하려고' 학생들에게 속임수를 썼다. 특히 첫 번째는 학생 실험인 경우 두 번째는 교사의 시범 실험인 경우 초등과 중등 교사들 사이에서 광범위하게 퍼져 있는 현상이었다. 실험이 잘 안 되는 경우 교사들의 대처 방법은 과학, 그리고 학교과학의 성격에 대한 이해와 맞물려 있는 것 같다. 올젠 등(Olsen et al., 1996)은 고등학교 교사들을 대상으로 한 사례 연구를 통해 학생들에게 자율권을 주는 개방적 실험에서 학생들이 예정된 과학(preordained science)과 다른 결과를 얻었을 때 교사들이 그 진퇴양난의 상황을 어떻게 다루는지 조사하였다. 두 명의 교사들은 물리학의 기본 개념, 원리, 법칙을 기정사실로 제시함으로써 진퇴양난의 가능성을 피해갔지만, 발견 학습에 대한 신념을 가지고 있던 한 명의 교사는 그런 어려운 상황이 생기지 않을 것이라고 가정하고 있었기 때문에 좌절하게 되었다. 교사들의 대처 방법은 물리학의 본성에 대한 이해와 관련이 있었다. 이와 비슷한 맥락에서 노트와 웰링턴(Nott & Wellington, 1996)은 실험이 잘못되는 '임계사건(critical incidents)'이 발생했을 때 교사들의 반응을 조사하고 그 결과를 논의하였다. 그들은 임계사건이 과학과 과학자들에 대해 설명하는 기회가 될 수 있으며 학생들은 어떤 것이 예정된 답을 얻는 실험이고 어떤 것이 참된 탐구인지 알 필요가 있다고 지적하였다. 교사는 학생들에게 실험실습의 목적을 분명히 알려주어야 한다는 것이다 (Wellington, 1998b). 실험의 교육적 취지를 명시적으로 설명해주었을 때 학생들이 인지적으로뿐만 아니라 정의적으로 높은 성취를 보였다는 하트 등 (Hart et al., 2000)의 연구 결과는 이를 뒷받침하고 있다.

그러나 그 목적을 분명히 밝히더라도 예시적 실험에는 근본적으로 해결되기 어려운 한계가 존재한다. 학생들이 물리 실험에서 자신이 무엇을 하고 있는지 생각하지 않은 채 기계적인 행동을 하는 것이 문제라고 하지만 그것은 예시적 실험의 한계에서 비롯된 것이다. 첫째, 예시적 실험에서 학생의 행동은 이미 예정된 결과를 얻는 수단일 뿐이다. 예를 들어 전압과 전류의 관계를 알아보는 옴의 법칙 실험의 경우(황성원 & 박승재, 2001) 만일 학생들이 주어진 실험 기구가 어떤 이유로 선택되었고 어떤 이유로 그렇게 배치되었는지 이해하지 못한 채 그냥 주어진 지시를 따른다면 예정된 결과와 일치하지 않는 결과를 얻더라도 어떻게 대처해야 하는지 알지 못한다. 밀러(Millar, 1998)의 지적대로 학생들은 자신들의 실험 결과가 이미 확립된 이론에 도전이 되지 못한다는 것을 너무나 잘 알고 있다. 만일 그 실험이 발견 실험이었다면 학생들은 어떤 결과가 나와야 할지 예측하지 않은 채 실험을 수행하고 그 결과를 그대로 수용해야 할 것이다. 그러나 만일 이미 결과를 알고 있었고 그러한 결과를 얻지 못했다면 갈등상황에 빠지게 되지만 아무런 대처를 할 수 없을 것이다. 결국 예시적 실험으로서 옴의 법칙 실험의 목적은 밀러(Millar, 1998)의 표현대로 '과학 이론이 예측하고 있는 현상을 만들어냄으로써 과학 지식의 힘을 과시하고 새로운 개념에 대한 실물 지시적 정의(ostension)를 제시하는 것이다.' 그리고 학생의 행동은 그 결과를 얻기 위한 무의미한 과정일 뿐이다. 둘째, 예시적 실험은 대개 변인들 사이의 관계 자체에 초점을 맞춘 분석적 접근을 취하기 때문에 학생들의 흥미를 불러일으키는 실험의 맥락을 형성하는 데 어려움이 있다. 만일 전압과 전류의 관계를 알아보고 싶은 동 기가 없는 상태에서 그리고 전압과 전류 사이에 어떠한 관계가 있으리라는 근거 있는 추측을 할 수 없는 상태에서 전압과 전류 사이의 관계를 알아보는 실험을 한다면 학생들은 당연히 어떻게 행동해야 할지 알 수 없을 것이고 그 행동과 관련된 사고를 할 수 없을 것이다.

이와 같은 논의들은 학교 물리 실험에서 학생들의 조작 활동과 사고 활동이 잘 어울려서 상호작용 하지 못하고 있음을 보여주고 있다. 그렇다면 어떻게 해야 학교 물리 실험이 그러한 목적을 달성할 수 있을까? 본 연구에서는 예시적 실험에 대한 비판적 논의로부터 다음과 같은 조건을 도출할 수 있었다.

첫째, 학생의 실험 행동은 예정된 결과를 얻기 위한 수단으로서 기계적인 과정이 아니라 과정 그 자체로서 가치를 지녀야 한다. 그러기 위해서는 발산적 과제(박승재, 1997)나 끝 열린 과제(Jones et al., 1992)같이 답이 여러 가지이거나 명확하지 않아야 할 것이다. 화이트(White, 1996)는 지시를 따르는 실험을 비판하면서 과제가 동기를 주기 위해서는 해답이 미리 알려져서는 안 된다고 지적하였다. 참된 탐구(authentic investigation) 활동을 강조하는 논의로부터 이에 대한 실마리를 찾을 수 있다.

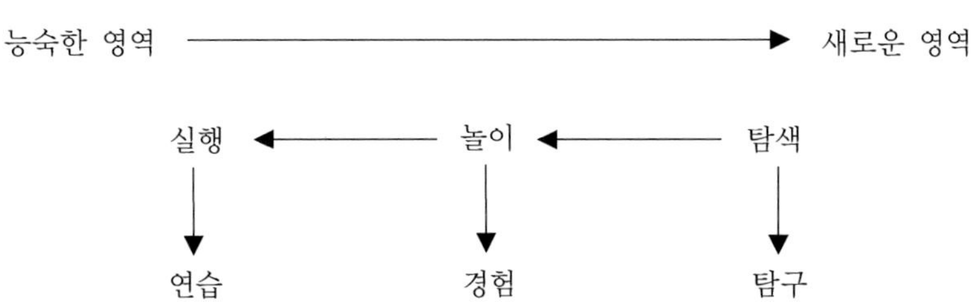

그림 2.3 실험실습의 진동 모형(Woolnough, 1994)

울노우와 알솝(Woolnough & Allsop, 1985)은 실험실습을 탐구, 연습, 경험의 세 가지로 구분하였다. 울노우(Woolnough, 1994)는 호지킨(Hodgkin, 1985)의 '창의성 순환과정(cycle of creativity)'을 참조하여 이것을 더 발전시켰고 그림 2.3과 같이 '창의성 순환을 위한 진동 모형'을 제시하였다. 이 모형은 현상에 대한 감각과 흥미를 형성하기 위한 실제 경험으로서 '놀이(Play)'와 기본적인 기능과 능력을 계발하는 실제 연습으로서 '실행(Practice)', 그리고 자극을 받고 확신을 얻고 문제 해결 과학자처럼 활동하는 능력을 습득하는 실제 탐구로서 '탐색(Exploring)'으로 이루어져 있다. 울노우는 학생들이 한 가지 종류의 활동에서 다른 활동으로 계속해서 이동하면서 넓은 범위의 경험을 즐길 필요가 있다고 했다. 교사의 중요한 임무는 학생을 지지해 주는 환경을 만들고, 성과를 거둘 만한 새로운 영역으로 학생들을 이끌어가고, 탐구를 통해 도전할 때 유용하게 쓰일 지식과 기술을 훈련시키는 것이다.

울노우는 여기서 '실제 경험'이 학생들에게 탐구 중인 현상에 대해 느낌을 주고 또한 개인적 경험과 암묵적 지식을 형성해 이후의 활동과 이해에 기본이 되도록 고안된다고 하였고, '실제 탐구'는 문제에 대한 몰두, 그리고 손과 머리의 지속적인 상호작용을 통해 시험의 대상이 되는 생각을 형성하고 명시적이고 암묵적인 이해를 형성하는 경험을 형성할 것이라고 주장하였다. 그는 과학적 탐구를 통해 몰두와 자신감, 과학적 및 '장인' 기능, 통찰력과 명시적 지식, 그리고 경험과 암묵적 지식이 함께 발달할 것이라고 주장하였고

(Woolnough, 1994), 참된 탐구의 한 형태로 탐구문제가 물질세계와 어떤 식으로든 연관되어 있는 '실천적 문제 해결(practical problem solving)'을 강조하였다(Woolnough, 1998).

과학 활동에서 울노우가 지적한 경험이나 놀이와 같은 탐색이 중요하다는 지적은 오래전부터 있었다. 호킨스(Hawkins, 1965)는 학교의 과학 활동을 '제멋대로 해보기(Messing About)', '다중 프로그램(Multiply Programmed)', '이론(Theory)'의 세 가지 유형으로 구분한 뒤, 첫 번째 유형의 실험실 활동이 필요하다고 주장하였다. ESS(Elementary School Science)는 특히 그러한 활동을 강조하는 데 역점을 둔 프로그램이다. 카플라스 등(Karplus & Thier, 1967)이 주축이 되어 개발한 SCIS(Science Curriculum Improvement Study) 프로그램, 그리고 이에 바탕을 두었던 순환 학습 모형에서도 그 첫 번째 단계로 탐색을 두었다(Lawson, Abraham, & Renner, 1989). 특히 경험 귀추적 순환 학습에서 학생들의 실험은 잘 정의된 가설로부터 시작되는 것이 아니라 경험 세계를 보는 것에서 시작된다. 학생들은 "어떤 요인이 (……)에 영향을 줄까?"라는 질문에서 시작하여 귀추를 통해 가설에 도달한다(Lawson, 1995). 이러한 경험 귀추적 순환 학습은 가설 연역적 순환 학습에서와 달리 학생들의 경험적인 탐색이 중요한 의미를 지닌다. 솔로몬(Solomon, 1980)은 실험실 습에서 놀이의 중요성을 지적하였는데 놀이를 통해 심상을 형성하는 것이 중요하고(Solomon, 1998, 1999) 때로는 학생들의 놀이가 자연스럽게 탐구로 변해갈 수 있음을 지적하였다(Brooke & Solomon, 1998).

이와 같이 많은 과학교육 연구자들 및 프로그램들은 경험, 탐색, 제멋대로 해보기, 놀이 같은 활동이 필요하다고 지적하였고 이것은 예정된 결과를 얻기 위해 지시를 따르는 행동과 달리 학생의 능동적인 활동 자체를 중시한 것이라고 볼 수 있다. 그러나 이것이 확인 실험과 같이 엄격한 물리학의 연구 방법을 따라 현상을 예시하는 실험과 서로 배타적인 실험은 아니다. 물리학자들의 연구에서는 정확한 측정이나 변인 통제를 통해 변인 사이의 관계를 밝히는 것과 같은 실험이 중요한 역할을 하며 이때 그들의 실험 행동이 기계적인 행동이 아닌 이유는 그러한 방법을 도입하는 의도를 잘 이해하고 있기 때문이다. 중요한 것은 실험 주체가 실험의 목적을 염두에 두고 실험과 관련된 물리학의 내용을 자신이 수행하고 있는 과정에 비추어 상호작용 하는 것이다.

둘째, 학교 물리 실험에서 학생들의 실험 행동이 기계적인 행동으로 머무르지 않으려면 학생들의 행동에 동기와 의도를 부여하는 실험의 맥락이 존재해야 한다. 길-페레즈와 까라스코사-알리스(Gil-Pérez & Carrascosa-Alis, 1994)는 과학자들의 연구에 대해 과학자들은 기존 개념에 의문을 제기하거나 개념을 바꾸기 위해 연구하는 것이 아니라 그들에게 흥미 있는 문제를 다룰 뿐이라며 문제 상황을 중심으로 학습을 조직화해야 한다고 주장하였다. 로스(Roth, 1994)는 학생이 과제를 풀어가는 맥락이 중요하다고 언급하면서 문젯거리가 풍부한 학습 환경을 강조했고, 구성주의적인 학습 환경에서 학생들이 자신이 만든 문제를 탐구하는 동안 물리 개념을 이해하게 되었다고 보고하였다. 허드슨(Hodson, 1998b)도 통제된 학습 환경이 중요하지만 풍부한 배경이 필요하다고 주장하였다. 또한 과학철학에서도 과학을 문제 해결 활동으로 파악하려는 시도가 있었다(Laudan, 1977). 즉 학생들의 행동에 동기와 의미를 부여하는 맥락이 형성되기 위해서는 울노우(Woolnough, 1998)가 강조한 '실천적 문제 해결'이나 OPENS 프로젝트(Jones et al., 1992)처럼 학생들이 스스로 과제를 설정하거나 또는 주어진 과제의 목적과 내용을 이해한 채 자신의 행동을 결정하는 것이 필요하다.

그러나 한편으로는 학생들에게 자율권을 주고 과제를 해결하게 하는 탐구 활동이 과학의 내용 학습에 도움이 되지 않는다는 지적도 있다(Woolnotlgh, 1991). 솔로몬 등(Solomon et al., 1995)은 주방용 휴지 중 어느 것이 물을 가장 많이 흡수하는지 알아내는 단순한 기술적 테스트는 과학적 지식이나 설명과 관련되어 있지 않다고 지적하면서 영국의 과학교육 과정에서 강조하는 탐구를 비판했다. 따라서 세 번째 조건으로, 학생들은 실험에서 대면하게 된 현상과 자신의 실험 행동을 물리학의 내용적 측면에서 반성하는 기회를 가져야 한다. 쉬워브(Schwab, 1962)는 '탐구 실험이 교실의 강의나 토의에 의한 수업을 유도하는 기능을 한다'고 주장했고, 드라이버(Driver, 1983)는 '활동은 그 자체로 충분하지 않다. (……) 언어를 통할 때에만 실험실습은 비로소 '사고 활동'이 된다'고 했다. 허드슨(Hodson, 1998b)은 '학생들이 실험실에서 실물을 다루지만 핵심 개념을 다루는 데 주어지는 시간은 너무 적다. (……) 많은 학생들은 자신이 하고 있는 일과 배우고 있는 것을 개념 지식과 과정 지식을 이용하여 연결짓는 데 실패한다. 바로 이 부분에서 교사의 뒷받침이 필요하다'고 했다. 어떤 연구자들은 이러한 점에서 실험실습의 한계를 지적하기도 한다. 웰링턴(Wellington, 1998b)은 '실험실습은 현상을 예시할 수는 있으나 그것이 왜 일어났는지를 설명하지는 못한다. 학생들은 과학의 모든 것이 실험실 경험이나 해보기 활동과 연관되어 있지는 않다는 점을 배울 필요가 있다. 의사소통, 토론, 상상이 중요한 이유도 바로 이 때문이다. 즉 생각, 개념, 법칙을 활용하여 작업하는 것이 필요하다'고 하였다. 이와 같이 실험실습에서는 언어적 활동도 중요하지만(Sutton, 1998; Osborne, 1998), 동시에 비언어적 활동도 중요하다. 솔로몬(Solomon, 1998, 1999)은 최근 연구에서 학생이 물리 개념에 대해 지닌 동적 이미지가 개념 이해와 밀접한 관련이 있다고 지적하였다.

이러한 조건을 만족시키는 실험에서는 예정된 결과가 존재하지 않거나 또는 의도하는 결과가 있더라도 그것을 얻지 못한다고 해서 학생들의 모든 실험과정이 의미를 잃지는 않을 것이다. 이때 학생들의 실험 활동이 물리학의 내용과 관련지어진다면 학교 물리 실험은 조작 활동과 사고 활동을 어울리게 함으로써 물리 개념을 이해할 수 있는 경험적 근거를 형성하고 동시에 이 과정에서 학생들은 물리학의 탐구과정을 의미 있게 수행하리라고 기대할 수 있다.

본 연구에서는 이러한 조건을 만족시키는 물리 실험의 한 형태로 현상 구현 활동을 고안하였다. 현상 구현 활동은 학생들이 특정 현상을 구현하기 위해 물질세계에서 사물을 조작하고 생각을 전개하면서 구조물을 만드는 활동이다.

최근 들어 구조물을 설계하는 것과 같이 기술 활동으로 인식되어온 활동들이 과학 학습에서 지니는 가치에 주목하는 연구들이 늘어나고 있다. 이러한 연구들에서 주장하는 것은 공학적 설계와 같은 기술 중심 활동이 학생들로 하여금 구조물을 설계하고 창조하고 시험하는 데 참여하게 할 뿐만 아니라 자신의 설계에 대해 반성하고 그 과정에서 활용된 과학적 생각을 열어보게 할 수 있기 때문에 과학 학습을 돕는 데 적합하다는 것이다(Cajas & Gallagher, 2001). 사실 과학교육과 기술교육을 함께 연관지으려는 연구들은 오래전부터 있었다(Layton, 1986c, 1986a, 1990b, 1990a, 1986b, 1993, 1994; Jenkins & Layton, 1997; Carlsen, 1998). 이러한 연구들의 밑바탕에는 기술이 단지 '이미 알려진 과학 지식의 단순한 적용'이 아니라는 인식이 뒷받침되어 있다(Layton, 1993).

카자스(Cajas, 2001)는 과학과 기술에 대한 이분법적 구분을 넘어서 과학 기술 소양(science and technology literacy)이라는 새로운 개념을 탐색하면서 미국의 과학교육과정 문서인 '과학적 소양을 위한 벤치마크(Benchmarks for Science Literacy)'(AAAS, 1993), '미국과학교육표준(National Science Education Standards)'(NRC, 1996), '기술적 소양을 위한 표준(Standards for Technological Literacy)'(International Technology Education Association, 2000)을 검토하였다. 그는 기술적 설계와 관련하여 물리적 제약조건이나 상충(trade-offs) 또는 실패에 대해 이해하는 것이 과학적 소양과 관련이 있고, 기술 중심 활동을 통해 학생들에게 과학적 및 기술적 개념을 소개할 수 있음을 보였다.

베넨슨(Benenson, 2001)은 기술이 하드웨어에 속하는 구조물뿐 아니라 하드웨어를 조직화하고 활용할 계획, 과정, 프로그램 등까지 포함한다고 넓게 정의하였다. 그는 '도시 기술 교육과정 안내 프로젝트(City Technology Curriculum Guides project)'를 소개한 뒤 기술 교육의 많은 목적들이 과학, 수학, 언어 기술, 사회 교과의 목적들과 일치한다고 지적하였다.

자일러 등(Seiler, Tobin, & Sokolic, 2001)은 모형 자동차를 설계하고 만들고 시험하는 활동이 흑인 학생들에게 운동의 물리학에 대해 학습할 수 있는 기회를 제공했다고 보고하였고, 크리스몬드(Crismond, 2001)는 탐구 및 재설계(Investigate-and-Redesign) 과제에 참가했던 고등학교 학생들과 성인들을 초보자와 전문가로 나누어 과학 학습과의 연관성을 비교하고 과학 학습에 좀더 초점을 맞추기 위해서는 비계(scaffolding) 역할을 하는 질문이 필요하다고 지적하였다.

로스(Roth, 2001a)는 광범위한 연구 프로그램을 수행하여 얻은 자료를 바탕으로 구조물을 설계하는 기술 활동이 과학 학습에 왜, 그리고 어떻게 기여하는지 연구하였다. 그는 과학과 기술이 공유하고 있는 근본적인 유사성들 중에서 '표상들의 생성과 변형' 그리고 '행동 중심적인 언어'의 두 차원을 지적하였다. 또한, 기술 활동이 학생들로 하여금 자신의 생각을 검토하고 논의하게 하며 세계 속에서 생각하고 다양한 생각과 과학적 원리에 노출되고 참여하게 촉진하였다고 보고하였다. 특히 그는 기술을 중심으로 한 활동이 교과서 활동을 통한 과학수업과 달리 학생들을 표상의 창조와 변형에 깊이 참여시킨다고 주장하였다. 이와 같은 연구 결과들은 현대 사회에서 과학과 기술의 경계가 모호해지고 있는 경향을 반영하고 있으며 과학 학습 지도의 측면에서 보면 전통적으로 기술의 영역으로 인식되었던 구조물의 설계와 만들기 활동이 과학을 학습할 수 있는 훌륭한 기회를 제공함을 보여주고 있다.

현상 구현 활동은 이와 같은 구조물을 설계하고 만드는 기술 활동의 성격을 반영하고 있기 때문에 물리 학습에 기여할 수 있는 장점들을 지닌다.

첫째, 현상 구현 활동은 직접 구조물을 만드는 활동이다. 무언가를 만드는 활동에서 중요한 것은 이미 수립된 계획을 잘 수행하는 것이 아니라 물질세계와 상호작용 하면서 자신의 행동이 목표를 실현하는 데 적절한지 계속해서 반성하고 수정하는 것이다. 특히 사고와 행동에 대한 이분법적 사고를 비판하는 철학자들과 인지심리학자들은 앎과 행동이 서로 분리될 수 없고, 앎이 행동 속에 있다고 주장한다(Ryle, 1949; Harrison, 1978; Lave, 1988; Gooding, 1989b; Schön, 1983).

글래슨과 벤틀리(Glasson & Bentley, 2000)는 과학자들을 면담하여 전통적인 물리학 분야에 종사하는 과학자들은 경험주의적인 입장에서 실험 설계에 주목하여 자신의 연구를 설명하는 반면, 응용 물리학자들은 자신의 연구를 좀더 문제 해결에 가깝게 설명한다고 보고했다. 허드슨(Hodson, 1998a)은 실천적 문제 해결(practical problem solving)의 가치에 대해 '인과관계에 대한 잠정적 지식을 활용한 개입이 이루어지며 자신의 시도가 성공했는지 비판적으로 평가함으로써 인과관계에 대해 더 깊이 이해할 수 있고, 이것은 다음 개입에 필요한 정보를 제공한다'고 주장하였다. 또한 브루너(Bruner, 1997)는 '기능적 이해(functional understanding)'가 자신의 이해를 언어로 표현하는 것 이상을 의미한다고 주장하였다. 따라서 현상 구현 활동은 인지적 측면에서 볼 때 앎과 행동을 분리시키는 이원론적 사고에서 벗어나 앎의 행동적인 측면을 잘 반영하는 '만들기 활동'이다.

이에 비추어 볼 때 가설 연역적 방법을 도입한 탐구는 실험의 복잡한 과정을 논리적으로 단순화시킨 것이다. 허드슨은 실험과정이 일반화 가능하지 않고 과학자들의 실제 실험이 단순화된 과정을 따르지 않는다는 점을 다음과 같이 설명하였다.

> 실제 과학은 정돈되지 않고 예측 불가능한 활동이어서 개별 과학자는 어떤 경로로 행동할지 스스로 결정해야 한다. 그런 의미에서 과학에는 어떤 방법도 존재하지 않는다. 과학자들이 특별한 상황에 접근할 때는 과학자 사회가 승인한 과정과 절차에서 필요한 것을 선택하여 그 과제에 적절한 방법을 결정한다. 게다가 과학자들은 문제 해결 방법을 다듬고, 문제를 좀더 잘 이해하고, 좀더 적절하고 생산적인 방법을 고안하는 것과 같은 일들을 동시에 진행한다. 어떤 생각이 나타나면 관찰, 실험, 다른 이론과 비교 등을 통해 곧 평가받는다. 평가를 하면서 새로운 생각이 떠오르기도 하고, 추가 실험이나 다른 실험을 계획하기도 하고, 심지어 본래의 생각을 완전히 고치거나 문제를 다시 만들기도 한다. 따라서 한 과학자가 탐구를 수행하면서 취한 모든 조처들은 어떤 식으로든 상황을 변화시키고, 이 바뀐 맥락 속에서 그 다음 결정을 하고 조처를 취한다. 결과적으로 과학 탐구는 통합적이고, 유동적이고, 반성적이고, 상황 의존적이며, 독특한 활동이지, 어떤 규칙을 따라 어떤 순간에 어떤 행동

을 하면 되는 것이 아니다(Hodson, 1998a).

또한 구딩(Gooding, 1990a)은 과학적 탐구 방법의 전형으로 여겨지는 가설 연역적 방법에 대해 모든 실험이 끝난 뒤 논리적으로 재구성된 것일 뿐이라고 지적하였다. 즉 현상 구현 활동에서 의도한 현상을 구현하기 위해 구조물을 만드는 과정은 행동을 통해 사고를 전개하는 과정으로서 실제 과학자들의 실험과정과도 매우 유사하다. 이 부분에 대해서는 2.2.2절에서 좀 더 자세히 살펴보겠다.

둘째, 현상 구현 활동은 그 목표가 현상의 설명이 아닌 구현이기 때문에 현상에 대한 이론적 해석이 그 출발점이 아니어도 되고 따라서 현상학적 접근 방식(Gooding, 1990a)을 허용한다.

셔블 등(Schauble, Klopfer, & Raghavan, 1991)은 최적의 효과를 얻기 위한 공학적 유형의 문제와 변인 사이의 관계를 확인하고 이해하는 과학적 유형의 문제를 순서를 달리하여 학생들에게 주었을 때 공학적 문제를 먼저 실험했던 학생들이 변인 사이의 관계에 대한 올바른 추론의 비율이 더 높았다고 보고하였다. 그들은 공학적 문제가 학생들의 직관적 문제 해결 전략과 일상적 사고방식에 가깝기 때문에 공학적 문제에서 출발하는 것이 지도상의 이점을 가진다고 논의하였다. 드라이버 등(Driver, Leach, Millar, & Scott, 1996)의 연구에서는 9-16세의 학생들 중 많은 수가 '관계에 근거한 추론'이나 '모형에 근거한 추론'보다 '현상에 근거한 추론'을 하였다. 밀러 등(Millar, Gott, Lubben, & Duggan, 1995)이 보고한 PACKS(Procedural And Conceptual Knowledge in Science) 프로젝트 결과에 의하면 저학년 학생들은 명확한 목적을 염두에 두지 않은 채 기구를 조작하거나 재료를 활용하여 최적화된 기대 효과를 만들려고 했다. 이와 같은 사실은 기대하는 효과를 산출하려는 활동이 매우 자연스럽게 시작될 수 있는 활동임을 의미한다.

듀이(Dewey, 1913)는 이해하고자 하는 목적은 종종 어떤 효과를 산출하려는 더 일반적인 관심으로부터 나온다고 하였다. 또한 허드슨과 벤츠

(Hodson & Bencze, 1998)는 모든 기술 혁신을 과학 지식의 적용으로 돌리는 것에 비판적인 태도를 취하였다. 그들은 '현상 관찰→추상적 개념→설명적 이론→실제 적용'이라는 도식이 잘못되어 있다고 지적하였다. 그들은 학생들이 '발명 프로젝트'나 '기술적 문제 해결'과 같은 '실천적 문제 해결(Practical problem solving)'에 참여할 때 원인과 결과를 깊이 이해할 수 있다고 하였다. 이와 같은 지적은 구조물을 직접 만드는 활동을 통해 학생들이 물리 개념을 도입하여 현상을 설명하는 것으로 나아갈 수 있음을 시사하며 동시에 그와 같은 활동은 예시적 실험을 통한 물리 개념 이해보다 더 깊이 있는 이해를 가능하게 할 것이라고 예측하게 한다.

현상 구현 활동은 기술 활동의 성격을 지니고 있지만 궁극적인 목적이 특정 현상을 구현하는 것이기 때문에 현상에 대한 이해와 설명을 추구하는 물리학 활동의 성격을 띤다. 앞서 2.1.2절에서 논의했듯이 현상을 구현하는 것은 물리학의 중요한 활동이며, 이것은 단순한 기능적 활동이 아니라 물질세계에 대한 설명을 추구하는 것과 밀접하게 관련되어 있다. 게다가 물리학 실험에서조차 현상은 쉽게 구현되지 않는다(Hacking, 1983). 학생들의 활동에서도 현상을 구현하는 것이 몇 번의 시행착오로 쉽게 이루어지지 않고 현상에 대한 물리적 이해가 필수적인 조건이 된다면 학생들은 자신의 시도를 통해 '왜 현상을 구현하지 못했는지' 반성하고 '어떻게 해야 현상을 구현할 수 있을지' 생각하면서 자연스럽게 물리학의 개념으로 현상을 해석하고 이해하려고 노력하게 될 것이다. 이것은 예시적 실험에서 좀처럼 잘 일어나지 않는 과정이다.

현상 구현 활동의 성격을 요약하면 다음과 같다.

첫째, 물리 실험이 가설을 시험하는 일련의 과정을 따르기보다는 사물을 조작하면서 물질세계에 개입하고 때로는 이론의 생성에 이르는 성격을 가지고 있다는 점을 인정한다면 현상 구현 활동은 물리 실험의 독특한 성격을 잘 반영하는 '실험'이다.

둘째, 현상 구현 활동은 구조물을 설계하고 만드는 기술 활동의 성격을 띤다. 현상 구현은 그 목표가 개념을 통한 현상 해석이 아니기 때문에 현상에 대한 이론적 해석이 그 출발점이 아니어도 된다. 따라서 해석적인 접근에 우위를 부여하지 않는 실험의 맥락을 제공한다. 현상 구현 활동은 이미 계획된 순서를 따르는 과정이기보다는 자신의 행동이 목표를 실현하는 데 적절한지 계속해서 반성하고 수정하는 과정으로 조작 활동과 사고 활동의 상호작용을 촉진할 수 있다.

셋째, 현상 구현 활동은 현상에 대한 이해를 필요로 하게 함으로써 궁극적으로 물질 현상을 해석하고 설명하려는 물리학 활동의 성격을 띤다. 이것은 구조물을 만드는 조작 활동이 현상을 해석하는 사고 활동과 상호작용하도록 촉진할 수 있다.

2.2. 현상 구현 활동과 물리학의 과정 학습

2.2.1. 물리 실험의 탐구과정 요소

과학 활동을 이루고 있는 탐구과정에 대한 분류는 여러 가지로 이루어질 수 있다.

SAPA(AAAS, 1967)는 탐구과정을 표 2.3과 같이 여덟 가지의 단순 탐구과정과 여섯 가지의 복합 탐구과정으로 구분하였고, 클로퍼(Klopfer, 1990)는 과학적 탐구의 목표로 그림 2.4와 같은 탐구과정 요소를 제안하였다. APU(APU, 1985)는 문제 인식, 실행가설 설정, 실험 설계, 실험 수행, 관찰과 측정의 기록, 자료 해석, 실험 결과의 평가를 탐구 설계 및 수행의 탐구과정 요소로 제시하였다.

한국의 경우 제7차 과학과 교육과정(교육부, 1998)은 국민공통기본교육과정의 교과인 '과학'의 내용은 지식과 탐구로 구분하였다. 여기서 탐구과정을 기초 탐구과정과 통합 탐구과정으로 나누어 제시하였는데, 기초 탐구

과정으로는 관찰, 분류, 측정, 예상, 추리 등을 그리고 통합 탐구과정으로 문제 인식, 가설 설정, 변인 통제, 자료 변환, 자료 해석, 결론 도출, 일반화 등을 제시하였다.

　이와 같은 과학 활동의 탐구과정 요소들뿐만 아니라 기술 활동에서도 탐구과정 요소를 분류할 수 있다. 카자스(Cajas, 2001)는 기술의 개념이 구조물 이상의 것이라고 지적하면서 기술교육과 관련된 문건들을 검토하여 기술적인 사고를 이해하기 위해서는 '실패를 이해하고 설명하기', '물질의 속성을 이해하고 선택하기' 그리고 '상충(trade-offs)과 제약조건을 이해하기'가 필요하다고 정리하였다.

표 2.3 SAPA의 탐구과정 요소(AAAS, 1967)

단순 탐구과정	복합 탐구과정
관찰 분류 시공간 관계 사용 의사소통 수 사용 측정 예상 추리	가설 설정 변인 통제 실험의 수행 모형 설정 자료 해석 조작적 정의

A: 실험실 활동을 통해 과학적 정보를 수집하는 기능
 A.1. 사물이나 현상을 관찰하기
 A.2. 적절한 언어로 관찰을 기술하기
 A.3. 사물이나 변화를 측정하기
 A.4. 적절한 측정 도구 선택하기
 A.5. 실험 자료와 관찰 자료를 처리하기
 A.6. 실험실과 야외용 도구 사용 기능을 계발하기
 A.7. 일반적인 실험실 기술을 조심스럽고 안전하게 수행하기

B. 적절한 질문을 하고 실험을 통해 답하는 것에 포함된 것들을 인식하는 능력
 B.1. 문제 인식하기
 B.2. 작용 가설을 형성하기
 B.3. 적절한 가설 시험 방법 선택하기
 B.4. 시험 실험을 수행하기 위해 적절한 절차 설계하기

C: 실험에서 얻어진 관찰과 자료를 조직하고 의사소통하고 해석하는 능력
 C.1. 자료와 관찰을 조직하기
 C.2. 자료를 함수 관계로 제시하기
 C.3. 실제 관찰을 넘어 함수 관계를 외삽하기, 관찰 결과 사이를 내삽하기
 C.4. 자료와 관찰을 해석하기

D: 자료와 관찰, 실험으로부터 결론을 도출하고 추론하는 능력
 D.1. 관찰과 실험 자료에 비추어 가설 평가하기
 D.2. 발견한 관계로부터 정당화할 수 있는 일반화, 경험 법칙, 원리를 만들기

E: 과학 이론의 발달에서 관찰과 실험의 역할을 인식하는 능력
 E.1. 서로 다른 현상들을 경험 법칙이나 원리와 관련짓기 위해 이론이 필요함
     을 인식하기
 E.2. 현상과 원리들을 대응시키기 위해 이론을 형성하기
 E.3. 이론을 만족시키거나 이론에 의해 설명되는 현상이나 원리를 명시하기
 E.4. 실험이나 관찰로 이론을 시험할 수 있는 새로운 가설들을 연역하기
 E.5. 이론을 검증하기 위한 실험 결과를 해석하고 평가하기
 E.6. 새로운 관찰과 해석으로 정당화된 수정된, 세련된 또는 확장된 이론 형성
     하기

그림 2.4 과학적 탐구의 목표(Klopfer, 1990)

2.2.2. 현상 구현 활동과 물리 실험의 과정

이와 같은 과학 활동의 탐구과정 요소들은 물리 실험의 과정 속에 포함 되어 있다. 그러나 물리 실험의 과정에서 이 요소들을 완벽하게 떼어내는 것은 불가능하다. 최근 여러 연구자들이 주목하는 현상학적 관점은 물리 실험의 과정을 기존의 관점과 다르게 파악한다.

다린(Dahlin, 2001)은 과학교육의 인지심리학적 배경이 칸트(Kant)에서 부터 내려오는 인지주의에 치우쳐 있다고 비판하였다. 그는 인지주의가 감 각 경험을 무시한 채 개념적 인지와 개념 형성이라는 한 면에만 초점을 맞 춘다고 지적했다. 그는 이원론을 거부했던 듀이(Dewey)와 메를로 퐁티 (Merfeau-Ponty)의 철학에 초점을 맞추면서 현재 과학교육의 주류를 이루 는 인지주의가 현상학적 관점들(phenomenological perspectives)에 의해 보 완되어야 한다고 주장하였다. 다린의 제안과 같이 이원론을 거부하고 정신 의 우월성을 거부하는 논의는 최근 인지심리학에서 활발히 다루어지는 주 제일 뿐만 아니라 철학자들에 의해 오래전부터 제기되어 왔던 내용이다.

최근 과학교육에서 학습에 대한 현상학적 연구 프로그램(Erickson, 2000) 으로 분류될 수 있는 발제주의(enactivism)도 이러한 맥락에서 이해할 수 있다. 발제주의의 제안자인 바렐라 등(Varela, Thompson, & Rosch, 1991) 은 인지를 체화된 행동(embodied action)이라고 제시한다. 여기서 '체화된' 은 인지가 여러 가지 감각 운동 능력을 지닌 신체를 통해 나타나는 경험에 의존하고 이 개별적 감각 운동 능력들이 더 포괄적인 생물학적, 심리학적, 문화적 맥락에 속한 것임을 의미한다. 또한 '행동'은 인지 내에서 지각과 행동이 근본적으로 분리될 수 없음을 의미한다. 그들 이 말하는 '인지에 대 한 발제적 접근'은 지각이 지각에 의해 안내되는 행동으로 구성되어 있고 인지 구조는 지각을 통해 안내되는 행동을 가능하게 하는 반복적인 감각 운동 패턴으로부터 창출된다는 것을 의미한다.

언어철학자인 존슨(Johnson, 1987, 1989)은 우리의 경험과 이해를 조직화하는 구조들로 영상도식(image schemata)을 제안하였다. 그는 '이해란 영상도식들이 부분적으로 우리의 경험을 질서짓고 형성하고 또한 이 도식들이 구체적 경험 안에서 신체화됨으로써 수정되는 발전과정 또는 활동(1987, p. 30)'이라고 보았다.

철학자인 라일(Ryle, 1949)은 오래전에 그의 주저인 '마음의 개념'에서 앎과 행동이 분리될 수 없다고 지적하였다. 그는 데카르트의 물심 이원론을 '기계 속의 유령에 관한 도그마'라고 혹독하게 비판하면서 우리의 행위가 이미 마음속에 존재하는 규칙을 따라 이루어진다고 생각하게 만드는 주지주의 전통을 단호하게 거부하여야 한다고 제안한다. 그는 '방식을 아는 것(knowing how)'과 '사실을 아는 것(knowing that)'을 구별한 뒤, '방식을 아는 것'은 '사실을 아는 것'으로 규정될 수 없고 '예지적(intelligent)'인 것은 '지적(intellectual)'인 것으로 규정될 수 없다고 주장했다. 라일이 말하는 '예지적 행동(intelligent action)'은 주지주의에서 말하는 지식의 적용과 다르다. 예지적 행동은 자신이 어떤 일을 하는 동안 자신이 무엇을 하고 있는지 생각하고 있을 때 그리고 그가 이런 생각을 하지 않았다면 잘 해내지 못했을 그런 방식으로 행하고 있는 것에 대해 생각하고 있을 때 이루어지는 행동이다.

숀(Schön, 1983)은 이와 같은 예지적 행동에 일종의 앎이 존재한다고 본다. 그는 기술을 지식의 적용으로 보는 실증주의 인식론을 기술적 합리성(Technical Rationality)이라고 비판하면서 과학자와 공학자 그리고 의사와 같은 전문가들의 실천을 분석하여 '행동 중 반성(reflection-in-action)'이라는 개념을 제시하였다. 그가 말하는 '행동 중 반성'의 의미는 다음에 잘 나타나 있다.

> 어떤 사람이 행동 중에 반성을 할 때 그는 실천 상황에 있는 연구자가 된다. (……) 수단과 목적은 분리되지 않으며 두 가지가 상호작용 하면서 문제 상황이 규정되어 간다. 그는 사고를 행동으로부터 분리하지 않으며 이후에 행동으로 바뀌게 될 결정을 하기 위해 추론해나간다. 그의

실험은 일종의 행동이고 실행은 탐구로 구조화된다. 따라서 행동 중 반성은 불확실하거나 불명확한 상황에서도 진행되어갈 수 있다. 기술적 합리성의 이분법에 의해 묶여 있지 않기 때문이다(Schön 1983).

또한 해리슨(Harrison, 1978)은 그의 책 '만들기와 생각하기(Making and Thinking)'에서 '만들기(making)'에 예지적 활동(intelligent activity) 또는 잠재적으로 예지적인 활동이 존재한다고 보았다. 그는 '행동 중 사고(thought in action)'와 '행동에 대한 사고(thought about action)'를 구분하였다.

과학철학에서 실험에 대한 논리 실증주의 견해를 거부하고 실험의 독자적 성격을 강조하는 논의(Hacking, 1983)도 이와 같은 인지심리학 및 철학의 경향과 매우 밀접한 관련이 있는 것으로 보인다. 실제로 현상학적 관점에서 물리학의 실험을 분석한 과학철학의 연구도 있다.

구딩(Gooding, 1989b, 1989a, 1990a)은 19세기 전자기학 분야의 뛰어난 실험가였던 패러데이(Faraday)가 최초의 전동기를 만들어내기까지의 과정을 상세히 분석하였다. 그에 의하면 과학적 발견에 이르는 과정이라고 일컬어지는 전통적 관점(가설 설정 - 방법 설계 - 실험 수행 - 결과 해석 - 결론 도출)은 연구가 끝난 뒤 재구성된 것일 뿐 실제의 과정이 아니다. 연구가 끝난 뒤 과학자들이 자신의 결론을 논리적으로 정당화하기 위해 재구성한 논문을 보고 과학적 발견의 과정이 한 가지 단일한 과정을 거친다고 생각하는 것은 잘못되었다는 것이다(Gooding, 1990a). 그는 패러데이에 주목하였는데 패러데이는 자신의 연구과정을 실험일지로 상세히 기록하였고 그 기록이 지금까지 남아 있기 때문이다. 패러데이는 도선 주위에 자석이 또는 자석 주위에 도선이 사람의 작용 없이 계속해서 움직이는 현상을 구현함으로써 1821년 최초의 전동기를 만들었다.

패러데이의 실험은 외르스테드가 전류가 흐르는 도선이 자침을 접선 방향으로 편향시킬 수 있다는 것을 발견한 것에서부터 시작된다. 외르스테드의 발견은 온 유럽에 빠른 속도로 알려졌고 프랑스의 물리학자인 앙페르는 이 현상을 중심력이라는 개념으로 통합하려고 시도했다. 반면 외르스테드는 접선 방향의 힘(tangential force)으로 현상을 서술하는 쪽을 선호하였다. 대부분의 과학자 들은 외르스테드의 이론적 개념을 이해하지 못했지만 그럼에도 불구하고 외르스테드의 실험으로부터 영감을 받아 이 새로운 현상을 실험적으로 설명하기 위해 그리고 전기와 자기의 관계를 좀더 잘 이해하게 해주는 새로운 이론을 개발하기 위해 연구를 수행하였다. 1821년 9월, 29세의 패러데이(Michael Faraday)는 런던에 있는 왕립 학회(Royal Institution)에서 전자기 효과를 소개하여 물리학자들의 주목을 받게 되었다. 패러데이는 전류가 흐르는 도선 주위에서 자침의 방향 변화를 조사하여 다음과 같은 결론을 도출하였다. '이로부터 각 극 주변의 원운동을 알 수 있다'(Diary, 3. September 1821). 그 다음 실험에서는 구부린 도선을 자유롭게 움직이도록 수직으로 매달았다. 구부린 도선에 전류를 흘리면서 자석의 한 극을 가까이 가져가자, 도선이 자석에 닿을 때까지 축을 중심으로 회전하였다. 패러데이의 일지에는 우리가 요즘 첫 번째 전자기 회전 장치라고 부르는 실험이 제시되어 있다. '작은 자석을 수은이 담긴 그릇에 똑바로 세우고 자극 위쪽에 곧은 도선을 수직으로 매달아 그 끝이 수은에 잠기게 한다. 도선과 수은을 갈바니 전지로 연결하자 도선은 자극 주위를 회전하기 시작한다.' 이 기구는 넓은 의미에서 첫 번째 직류 전동기이다.

구딩은 인지심리학의 체화(embodiment)와 행위능력(agency) 개념을 중심으로 패러데이의 실험과정을 분석하였고 패러데이의 실험일지를 기초로 자신이 개발한 표기법을 이용하여 최초의 전동기라는 결과물을 산출할 때까지의 과정을 지도(map)로 만들었다. 그의 분석 결과를 요약하면 다음과 같다(Gooding, 1990a). 첫째, 패러데이는 흔히 과학자들이 이론으로부터 도출된 명확한 가설로부터 실험을 시작한다는 통념과 달리 자신이 구현하려고 했던 현상에 대해 처음부터 명확한 모형을 가지고 시작하지 않았다. 둘째, 패러데이가 초기에 지니고 있었던 잠정 모형(construal)은 신기한 현상에 대해 다른 연구자들과 의사소통이 가능하도록 이미지, 모형, 기구를 고안하면서 구체적인 형상으로 다듬어져갔다. 이 과정에서 우연성(contingency)이 개입하였고, 잠정 모형과 다른 결과를 얻은 경우에는 이를 바꾸고 실험 장치를 다시 고안하는 과정이 반복되었다. 가능성을 탐색하는 단계에서는 한 가지 실험 결과로 한 가지 모형을 결정하는 것이 아니라 여러 개의 잠정 모형을 염두에 둔 상태에서 잠정적인 선택이 이루어졌다. 셋째, 전통적인 과학적 방법은 이론의 세계와 실제 사물의 세계가 분리된 것처럼 서술하지만 패러데이는 실험가의 사고와 행동이 상호의존하면서 실험 장치와 잠정 모형이 수렴해나가는 과정을 보여주었다. 넷째, 실행가능성(practicability)은 이 과정에서 중요한 역할을 했고, 반성적이고 반복적인 작업은 시행착오적 행동을 하나의 결과물로 수렴시켰다. 논리적인 모순은 연구가 끝난 뒤 되돌아 볼 때나 적용 가능한 잣대일 뿐 실험 중에는 잠정 모형을 구체적인 장치로 실현할 수 없는 실행불가능성(impracticability)이 잣대가 된다는 것이다. 구딩은 이러한 실행불가능성이 실제 실험뿐 아니라 사고 실험에서도 중요한 조건이 되어 실제 수행에 친숙한 사람만이 사고 실험을 잘 수행할 수 있다고 주장한다(Gooding, 1992). 또한 구딩은 패러데이의 현대 물리학의 실험도 패러데이의 실험에서 나타난 특징과 비슷한 성격을 띠고 있음을 보여주었다(Gooding, 1990a).

과학교육에서 현상학적 관점을 도입하여 만들기 활동의 가치를 탐색했던 연구로 카스와 맥도날드(Kass & Macdonald, 1999)를 들 수 있다. 그들은 발제적 관점에서 학생 주도적인 만들기 활동(building)이 지닌 가치를 분석하였는데 그들은 만들기 활동이 학생들이 다양한 가능성의 공간을 발제(enact)하는 발명의 과정일 뿐만 아니라 그로부터 창발되는(emerging) 아이디어 공간에 참여하는 방법이라고 보았다. 그들은 '지적 행동(thought-action)'이라는 용어를 사용하였다. 그들의 연구에서 학생들은 태양열을 이용하여 움직이는 장치와 서너 가지 간단한 기계로 이루어진 복합 기계, 그리고 쥐덫을 이용한 모형 자동차를 고안하고 만들고 시험하였다. 그들은 학생들의 만들기 활동을 관찰하여 학생들이 한 가지 행동을 하면서 다음 단계의 행동을 떠올리고 장치가 제대로 작동하지 않을 때 효과적으로 대응하는 등의 지적 행동을 보였다고 보고하였다. 그들은 학생들이 만들기 활동을 통해 과학의 법칙이나 과정 또는 현상에 대해 배웠을 수도 있겠지만, 그보다는 변화하는 상황 속에서 매우 복잡하고 광범위한 과제를 성공적으로 다룸으로써 좀더 복잡한 과제에 대해 자신이 대처할 수 있는 사람으로 여기게 된 것이 매우 가치 있는 효과였다고 지적하였다.

로스 등(Roth et al., 1997)은 상황 인지와 일상적 실천에 대한 현상학적 가정을 바탕으로 전통적인 고등학교 물리실험에서 학생들의 담론적(discursive) 행동과 물질적 행동을 기술하였다. 그들은 그림 3.3과 같은 기호 체계를 이용하여 학생들의 실험과정을 분석하였는데, 그들은 학생들이 실험실 활동에서 만드는 현상은 체화된 실천(언어와 물리적 행동)과 세계, 그리고 사회적 관계가 어울려서 생겨나는 것이라고 분석하였다. 또한 로스(Roth, 2001b)는 같은 기호 체계를 이용하여 모형을 설계하는 과정이 '상황화되고 분포된 과정(situated and distributed process)'임을 보였다.

이와 같은 연구 결과들은 물리 실험의 과정을 현상학적 관점에서 분석할 때 조작 활동과 사고 활동의 상호작용을 좀더 상세히 파악할 수 있음을 알려준다. 또한 현상 구현 활동에 포함된 만들기 활동이 사물의 기능을 중심으로 조작 활동과 사고 활동의 상호작용을 촉진하고 있음을 알 수 있다. 숀(Schön, 1983)은 실천의 맥락에서 이루어지는 실험에 탐색(exploratory), 의도 시험(move-testing), 가설 시험(hypothesis testing) 실험이 뒤섞여 있다고 지적하였다. 특히 탐색적 실험은 과학 학술지에 나오지는 않지만 사물에 대한 감각(feel)을 얻는 과정으로서 중요하다고 하였다. 또한 실천적 맥락에서 이루어지는 실험과 연구의 맥락에서 이루어지는 실험은 모두 사물을 변화시키는 것과 이해하는 것 사이의 관계에 관심이 있지만 전자는 특히 상황을 더 나은 방향으로 바꾸는 데 관심이 있기 때문에 그러한 한도 내에서만 상황을 이해하는 데 관심을 가진다. 이와 같은 지적은 현상 구현 활동의 만들기 활동이 지닌 실천적 측면이 가설 시험과 같은 전통적 실험을 포함할 수 있고 동시에 상황을 변화시킨다는 실천적 측면에서 전통적 실험에 의미를 부여할 수 있음을 보여주고 있다. 다시 말하면 학교 물리 실험으로서 현상 구현 활동은 가설 시험에서 결론 도출에 이르는 전통적인 실험과정을 따르지는 않지만 의도를 실현하는 과정에 그와 같은 과정이 포함될 수 있다. 3장의 사례 연구에서는 구딩(Gooding, 1990a)이 제안하고 로스 등(Roth et al., 1997)이 수정한 기호 체계를 사용하여 학생들의 현상 구현 활동과정을 분석하였다.

2.3. 현상 구현 활동과 물리학의 내용 학습

2.3.1. 물리 개념 학습에 대한 관점

학생이 물리 개념을 학습한다는 것은 무엇을 의미하는가? 에릭슨(Erickson, 2000)은 라카토스(Lakatos, 1970)의 '연구 프로그램(research programme)' 개념을 도입하여 과학 학습에 대한 그간의 연구들을 구분하였다. 그는 과학교육의 연구 프로그램이 학생들의 과학 학습이라는 현상을 탐구하기 위한 새로운 이해와 방법뿐만 아니라 실제 과학 지도를 위한 새로운 방법을 산출하는 목적을 지닌다고 정의하고 과학 학습에 대한 연구들을 피아제적, 구성주의적, 현상학적(phenomenological) 연구 프로그램으로 구분하였다.

인지와 학습에 대한 견해는 계속해서 변해 왔다. 가장 초보적인 생각은 데이빗과 수마라(Davis & Sumara, 1997)가 설명하듯이 인지란 주체의 외부에 독립적으로 존재한다고 여겨지는 실체에 대한 내적 표상을 계발하는 일이라고 보는 것이다. 이러한 관점에서 볼 때 한 사람의 이해 정도는 주체의 내적 표상과 객관적 외부 세계가 일치하는 수준을 의미하게 되고 사람의 두뇌는 컴퓨터와 같이 기계적으로 정보를 처리한다고 여겨진다.

구성주의(constructivism)는 인지에 대한 이와 같은 기계적 은유를 거부하였다. 구성주의는 인지를 좀더 비선형적이고 동적인 진화론적 과정으로 해석하고 인지란 학생들 자신의 주관적인 경험의 세계를 조직화하고 재조직화하는 과정이라고 이해하였다(Davis & Sumara, 1997). 따라서 구성주의에서는 학생들 개인이 관심의 대상이 되고 학생들이 구성하는 정신 모형(mental model)을 묘사하는 것이 중요한 의미를 갖는다(Erickson, 2000). 과학 학습에 대한 구성주의 관점에서 중요한 것이 개념 변화이다. 개념 변화란 학생들이 새로운 정보를 습득하고 지식을 재구성함으로써 자신의 정신 모형을 변화시키는 것이다. 구성주의적 개념 변화의 관점에서 수행된 많은 물리교육 연구들의 목적은 학생들의 선 개념을 파악한 뒤 인지 갈등을 유발하는 것과 같은 방략을 통해 학생이 지닌 선 개념을 과학자 개념으로 변화시키는 것이었다.

개념 변화를 중시하는 구성주의 관점에서 볼 때 학교 물리 실험의 한 가지 역할은 인지 갈등 방략을 써서 학생의 선 개념을 변화시키는 것이다. 라자로비츠와 타미르(Lazarowitz & Tamir, 1994)는 실험실습과 관련된 연구들을 정리하면서 실험실습 한 가지 목적이 학생들의 오개념을 드러내어 개념 변화를 가능하게 하는 것이라고 했다. 애친슨(Atkinson, 1990)은 개념 변화를 위한 일반적인 방략을 다음과 같이 네 가지로 정리하면서 학교 실험이 이 과정과 통합될 수 있다고 제안하였다. 첫째, 학생들을 '사건에 노출시킴으로써' 학생들이 지닌 대안 개념을 드러낸다. 둘째, 토론과 논쟁을 통해 자신이 지닌 대안 개념 및 다른 학생들의 대안 개념에 대한 인식을 첨예하게 한다. 셋째, 학생들에게 모순되는 현상을 설명하게 함으로써 개념 갈등을 유발한다. 넷째, 과학 개념과 일치하는 개념 조정 또는 새로운 개념의 발명을 장려하고 안내한다.

그러나 구성주의 관점에서 학교 물리 실험에 접근하는 모든 연구들이 개념 변화에만 초점을 맞추었던 것은 아니다. 탐구적 실험이 그 예이다. 탐구적 실험은 학습에 대한 탐구적 접근을 그 바탕에 두고 있는데, 밀러(Millar, 1998)는 학습에 대한 탐구적 접근 방법의 인식론을 다음과 같이 요약하였다.

학생들이 혼자 힘으로 현상을 주의 깊게 탐색함으로써 '물질에 관한 사실들'을 조합하여 과학적인 이해에 도달할 수 있다는 것이다. 교사의 역

할은 학생에게 활동을 제안하고, 잘 선택된 재료와 예시를 제시하고, 부
각점에 주의를 집중시키고, 일반적으로 학생들의 경험을 '구체화하여' 학
생들에게 어떤 현상이 일어나야 하는지 또는 어떻게 되어야 하는지를
말해주지 않고도 학생들을 안내하는 것이다.

그러나 밀러도 지적했듯이(Millar, 1998) 탐구 학습의 인식론에는 첫째,
관찰 및 측정을 통한 자료 수집이 단순한 상식적 활동이라는 가정과 둘째,
관찰에서 설명이 이르는 과정에 대한 소박한 경험주의 견해 때문에 어려움
이 존재한다. 이것은 구성주의 인식론이 지닌 어려움이기도 하다. 매튜
(Matthews, 1994)가 지적하듯이 구성주의에는 일련의 특정한 경험을 통해
학생들이 의도된 구성을 할 수 있다고 생각하는 지식에 대한 경험주의적
견해가 포함되어 있다. 로스(Roth, 1994)는 학생들이 '개방적인 탐구를 추
구하고 그들 자신의 연구문제를 고안할 수 있는 구성주의적 학습 환경'의
중요성을 강조하면서 '실험은 학생들이 이해하면서 학습하고 동시에 과학
을 행함으로써 지식을 구성하는 과정에 참여하도록 만들어주는 매력적인
방법'이라는 주장에 동의했다. 그는 고등학교 물리 실험에 대한 해석적 연
구를 통해 학생들이 자신의 연구 과제를 만들고 그에 대한 해답을 구하기
위해 결과를 얻고 그래프를 해석하는 동안 의미 있는 학습이 이루어졌다고
보고했다.

현상학적 연구 프로그램(Erickson, 2000)은 비교적 최근에 연구자들이 관
심을 갖기 시작한 분야이다. 구성주의자들이 학습을 지적 구조물을 구성하
는 행위라고 파악하는 반면 현상학자들은 학습이 학생들과 세계 사이에 존
재하는 일련의 관계들로 이루어져 있다고 본다. 따라서 사람들이 어떻게
세상을 경험하고 어떻게 적절한 행동양식을 학습해 가는지 이해하는 것에
연구의 중심을 둔다(Erickson, 2000). 과학교육 연구에 영향을 준 것으로는
마톤(Marton, 1988)의 현상기술지(phenomenography)와 바렐라(Varela et
al., 1991)의 발제(發製)주의(enactivism)를 들 수 있다(Erickson, 2000).

마톤(Marton)을 중심으로 한 현상기술지는 학습이 경험에 다가가는 과정,

즉 세상을 다른 방법으로 보는 것이라고 파악한다. 또한 학습은 세상에 대한 표상을 구성(construction)하는 과정이 아니라 세상을 형성(constitution)하는 과정이라고 본다(Marton, 1988; Marton & Booth, 1997). 따라서 현상기술지 연구는 구성주의처럼 학생이 구성한 지적 구조물을 가정하는 것이 아니라 세상을 경험하는 다양한 방법을 질적으로 확인하여 서술 범주(categories of description)로 묘사하는 데 초점을 맞춘다.

린더(Linder, 1993)는 현상기술지의 입장에서 개념 학습을 설명하였다. 그는 개념 학습에 대한 관점을 정신 모형에 바탕을 둔 관점과 경험에 바탕을 둔 관점으로 구분하였다. 경험에 바탕을 둔 관점에서 볼 때 학생들의 과학 학습에서 문제가 되는 것은 학생들이 대안 개념을 가지고 있거나 선개념을 바꾸지 않으려고 저항하는 데 있는 것이 아니라 학생들이 새로운 맥락들(contexts)과 의미 있는 관련을 맺지 못하는 것이 문제이다. 따라서 학생들에게 개념의 다양성을 이해(appreciation)할 수 있는 능력, 그리고 어떤 방법이 상황과 목적에 가장 적합한지 인식할 수 있는 능력을 증진시켜 주어야 한다.

본 연구에서는 현상학적 연구 프로그램의 관점에서 물리 개념 학습을 다음과 같이 정의하였다. 물리 개념 학습은 '여러 개의 다양한 개념들 중에서 상황에 맞는 개념을 선택하여 적용할 수 있는 기준과 방법을 알게 되어 가는 과정, 그리고 그 과정에서 각 개념들의 내용과 범위가 수정되고 확장되어 가는 과정'이다. 이렇게 정의하면 다양한 종류의 개념 학습을 생각할 수 있다. 박종원(2001)은 '학생의 개념 구조는 진화적 과정을 통해 변화되고, 학생 개념구조의 변화과정은 연속적이고 점진적인 세련화와 정교화의 과정'이라고 전제한 뒤 개념 변화에 관한 과학교육 연구를 분석하여 개념 변화의 내용을 '개별 개념 내용 자체의 변화', '존재론적 범주 간 이동과 범주의 특성 변화', '개념 구조의 변화', '개념과 현상의 관계 변화', '추상성의 변화', 그리고 '정합성 또는 체계성의 변화'로 구분하였다.

실험실습이 과연 학생들의 물리 개념 이해를 도울 수 있는가라는 문제는 긍정적인 결과와 부정적인 결과가 모두 존재한다. 그러나 현상학적 연구 프로그램에서 말하는 개념 이해나 개념 변화에 대한 최근의 논의에 비추어 볼 때 긍정적인 결과가 나왔다고 해서 그것이 구성주의에서 말하는 개념 변화의 조건을 충족시켰기 때문이라고 말하기는 어렵다. 로스(Roth, 1994)는 학생들이 개방적 탐구를 통해 물리 개념을 더 잘 이해하게 되었다고 다음과 같이 보고하였다.

> 학생들은 유체 속을 통과하는 물체의 운동에 대해 연구할 때 밀도, 점성, 부력에 대해 이해할 필요를 느낀다. (……) 파의 전파에 대한 탐구에서 한 학생은 밀도, 점도, 온도, 서로 다른 물질에서 표면파 속도의 상호작용에 대해 이해할 필요가 있었다. (……) 학생들은 교과서에 있는 주제들의 관계가 교과서에 잘 나타나 있지 않다는 것을 알고 있었다. 그들은 그들의 탐구가 교과서에 나오지 않은 물리를 공부하는 것과 밀접하게 관련되어 있다는 것을 느끼고 있었다.

이와 같은 결과는 개념 변화보다는 '개념의 다양성을 이해(appreciation)할 수 있는 능력 그리고 어떤 방법이 상황과 목적에 가장 적합한지 인식할 수 있는 능력을 증진시켜 주어야 한다'는 린더(Linder, 1993)의 주장에 더 가깝게 해석될 수도 있다. 이러한 의미에서 볼 때 예시적 실험에서는 교사가 이미 특정한 상황과 목적을 결정했기 때문에, 실험을 통해 경험과 개념을 단순하게 연결짓는 실물지시적 정의(Millar, 1995)는 할 수 있을지 몰라도 다양한 상황과 목적에 비추어 개념을 인식하는 능력을 계발하기는 어렵다.

2.3.2. 물리 개념 학습과 비명제적 지식

그렇다면 학교 물리 실험이 물리 개념 학습에 기여한다는 것이 과연 무엇을 의미하는지 다시 한번 생각해 볼 필요가 있다. 화이트(White, 1996)가 말하는 '일화(episode)'나 라자로비츠와 타미르(Lazarowitz & Tamir,

1994)가 말하는 '직접 조작해보는 기회' 그리고 울노우(Woolnough, 1991)가 말하는 '현상에 대한 감각'은 무엇을 의미하는 것인가? 분명한 것은 시범을 관찰하거나 설명을 듣는 것과 달리 학생들은 실험을 할 때 직접 어떤 행동을 하고 어떤 경험을 한다는 점이다. 그리고 실험이 물리 개념 학습에 기여한다고 했을 때 그것은 학생들의 행동 또는 행동의 경험이 물리 개념을 이해하는 것과 어떤 식으로든 연결되어 있다고 전제하고 있다. 실험을 통한 물리 개념 학습은 물리 학습에서 비명제적 지식 또는 암묵적 지식의 역할에 주목하는 것과 관련이 있다. 솔로몬은 개념을 지각(perception)과 연결지을 수 있기 때문에 과학 학습에서 실험이 중요하고, 그 과정에서 '심상 떠올리기(envisionment)'가 중요한 역할을 한다고 주장한다.

> 실험실에서 무언가를 이해하는 것은 어려운 일이다. 지각 결과만으로는 결코 충분하지 않고 단지 교사의 지시를 수행하는 것도 개념을 이해하는 데 거의 쓸모가 없다. 행동을 통해 본 것을 이미지로 바꿀 필요가 있고, 여기서 이미지는 그 다음 행동을 이끌어낼 능력을 가지고 있다(Solomon, 1995).

솔로몬이 말하는 심상 떠올리기는 폴라니(Polanyi, 1958)가 자신이 X선 사진을 이해하게 되었던 과정을 설명했던 것과 유사하다. 예를 들어 그는 학생들이 그림자에 대해 가지고 있는 심상은 그림자에 대한 이해와 밀접하게 연관이 되어 있다고 설명한다. 그림자를 그리라고 했을 때 사람의 발끝에서 이어져 있고 빛의 방향으로 볼 때 근사적으로 적당한 크기의 그림자를 그린 학생들은 '빛이 통과하지 못하는'과 같은 행동으로 그림자를 설명하였다(Solomon, 1998). 다른 예로 물에 떠 있는 물체를 보고 중력이 아래로 잡아당기는 힘과 물이 위로 밀어 올리는 힘이 균형을 이루고 있다고 이해하는 것은 아래로 누르는 행동과 그 물체가 다시 떠오르려는 느낌이 심상으로 통합되었기 때문이라고 설명한다. 솔로몬의 연구 결과는 개념 이해에 정적 또는 동적인 시각적 이미지, 그리고 느낌이 관련되어 있음을 보여주고 있다. 솔로몬(Solomon, 1998, 1999), 브룩과 솔로몬(Brooke & solomon, 1998)은 이러한 이미지나 심상을 형성하기 위해 물체를 가지고 노는 '놀이'가 중요한 역할을 한다고 지적한다.

시각적 이미지나 느낌과 같은 비명제적 지식은 사고 실험(Thought Experiment)에서 매우 중요한 역할을 한다. 구딩(Gooding, 1990a)은 '대부분의 과학 학습에서 언어와 행동은 함께 작동하기 때문에 표상의 세계에서 벗어나 물질세계에 참여하는 것이 중요하다'고 지적하였다(Gooding, 1990a). 그는 과학자들이 수행하는 사고 실험과 실제 실험의 유사점을 다음과 같이 지적하였다. 첫째, 사고 실험은 머릿속 조작을 포함한다. 둘째, 사고 실험은 형식적 모순보다 실행불가능성이 더 중요한 상황을 창조할 때 더 큰 시범 능력을 가진다. 셋째, 실행불가능성을 주장하기 위해 사고 실험의 창조자는 문제가 되는 일부 현상과 환경, 그리고 개념 틀만을 선택하고 고립시킨다. 넷째, 이러한 틀 속에서 이루어지는 관찰과 조작은 완벽한 관찰자에 의해 이루어진다. 다섯째, 사고 실험은 형식적인 시험 과정과 같은 과정을 따른다. 여섯째, 대개 시범 실험이나 교과서의 실험과 같이 재구성된 실험들이 그러하듯이 사고 실험도 항상 잘 작동한다. 일곱째, 만일 우리가 사고 실험의 개인적인 '머릿속' 역사를 복원할 수 있다면 사고 실험도 실제 실험과 같이 처음에는 잘 작동하지 않았을 것이다. 이와 같은 구딩의 지적은 사고 실험이 이루어지기 위해서는 물질세계에서 충분한 경험을 하는 것이 필요함을 보여주고 있다.

길버트와 라이너(Gilbert & Reiner, 2000)는 사고 실험이 개념 발달에 기여할 수 있는 가능성을 지니고 있고 전통적인 실험실습을 보완하는 역할을 할 수 있다고 지적한 바 있다. 라이너와 길버트(Reiner & Gilbert, 2000)는 이론적 논의를 통해 사고 실험의 인식론적 자원(epistemological resources)으로 개념 논리적 추론, 시각적 심상(visual imagery), 심체적 경험(bodily-motor experience)을 도출하고 학생들의 활동으로부터 각각에 해당하는 사례들을 제시하였다. 그들은 학생들의 토론과정을 분석하여 학생들이 상상한 내용이 구조화되어 있고 목표 지향적이고 사전 경험에 의한 심상에 의존하며 내적으로 일관성을 지니고 있다는 것을 알아냈다. 학생들은 머릿속에서 물체를 회전시키거나 심상을 확대 또는 축소하거나 물체를 이동하거나 운동하는 물체의 궤적을 예측하거나 역학계에 가해진 힘의 효과를 상상할 수 있었다.

현상 구현 활동이 물리 개념 학습에 기여할 가능성은 머릿속에서 사물을 조작할 수 있다는 데에 있다. 현상 구현 활동은 목표 지향적인 만들기 활동이고 따라서 학생들은 실제 실험에서 이루어진 자신의 조작과 그로 인해 발생한 여러 현상들에 대해 시각적인 이미지와 느낌을 형성한다. 이것은 현상 구현 활동을 하는 중에 그리고 활동이 끝난 뒤에 머릿속 조작을 가능하게 할 것으로 기대할 수 있다. 만일 물리 개념 학습이 새로운 상황에서 현상을 설명하기 위해 자신이 알고 있는, 또는 알게 된 개념들 중에서 적절한 개념을 선택하여 연결짓고 새로운 개념의 필요성을 인지하게 되는 것을 의미한다면 사물을 자유롭게 조작하고 개념과 연결지어 보는 과정은 매우 중요하다. 구딩(Gooding, 1989c)은 패러데이가 장 개념을 확립해가는 과정을 분석한 연구에서 초기에는 실험과 표상이 분리될 수 없는 상태였다고 지적하였다. 그는 '개념을 가지고 있다는 것이 과정에 바탕을 둔 암묵적(implicit) 이해를 의미한다면 패러데이는 1820년대에도 이미 개념을 가지고 있었지만, 만일 '장 개념'을 가지고 있다는 것이 언어적으로 분명한 표현을 의미한다면 패러데이는 1840년대까지 자기장 개념을 가지고 있지 않았다고 보아야 한다'고 지적하였다.

2.3.3. 현상 구현 활동과 전자기 개념 학습

본 연구에서 선택한 전자기학은 물리학의 여러 분야들 중에서 그 개념들을 이해하기 위해 시각적 이미지나 느낌과 같은 비명시적 지식이 중요한 역할을 하는 분야이다. 본 절에서는 전자기학의 발달과정과 그중에서도 특히 패러데이를 중심으로 한 개념 형성을 살펴봄으로써 학생들의 전자기 개념 학습에 대한 시사점을 얻으려고 한다.

쿤(Kuhn, 1977a)은 '물리과학의 성립에서 있어서 수학적 전통과 실험적 전통'에서 고대 시기의 물리학을 다음과 같이 설명하고 있다.

> 고대의 물리과학 분야에서 일반 사람들이 알지 못하는 전문 용어와 기법, 그리고 그 분야에 종사하는 전문가들만을 대상으로 하는 문헌들을 가지고 연구 전통을 형성했던 분야는 천문학, 정역학, 광학뿐이었다. (……) 당시에 이 세 분야가 따로 행해지지는 않았고, 지금은 물리과학으로 보지 않는 다른 두 분야, 즉, 수학 및 화성학과 밀접하게 연관되어 있었다(p.36). (……) 한편, 고대와 중세의 철학적 전통 내에서 이미 고도로 발달해온 운동의 문제는 일반적인 성질의 변화를 다루는 전통적인 철학의 문제에서 분리되어 그 자체로서 연구되는 독자적인 분야가 되었다. (……) 운동학이 더해져서 여섯 분야로 이루어지게 된 고전 과학은 르네상스 이래 계속해서 잘 짜여진 집합체를 이루게 된다. (……) 고전 물리학의 각 분야는 지금의 물리학 분야들과 달리 완전히 독립되지 않고 밀접하게 연관되어 있었기 때문에 갈릴레이, 케플러, 데카르트, 뉴턴 등과 같은 과학자들은 이 여섯 개 분야 사이를 쉽게 그리고 때로는 큰 성과를 낳으며 옮겨 다닐 수 있었다(p. 39)(Kuhn, 1977a).

위 인용구에 의하면 고대 물리과학의 분야들 중 현재에도 물리학의 분야로 여겨지고 있는 것은 정역학, 광학, 운동학뿐이다. 전기학과 자기학은 여기에 포함되어 있지 않다. 고대 시기에는 전기학과 자기학이 발달하지 못한 이유는 무엇일까? 전자기학이 역학에 비해 늦게 발달하기 시작한 이유는 무엇일까?

> 고대 수학을 포함한 이 다섯 분야는 모두 선험적이기보다 경험적이었지만 이들이 고대를 거치면서 상당한 수준까지 발전하는 과정에서 정교한 관찰, 특히 실험은 별로 필요하지 않았다. (……) 비교적 행하기 쉽고 대개는 정성적인 몇 가지 관찰, 예를 들면 그림자, 거울, 지레, 별과 행성의 운동에 대한 관찰만으로도 강력한 이론을 만들어낼 수 있었다(pp. 37-8).

즉, 수학을 포함한 고전 과학은 경험적이기는 했지만, 그들이 발달하는 데 필요한 자료는 일상적인 관찰, 혹은 간소한 조작과 체계화에 의해 얻어낼 수 있는 정도의 것이었다(p. 35)(Kuhn, 1977a).

자세히 살펴보면 고대와 중세의 전통 내에서 이루어진 많은 실험들은 '사고 실험'이었다. 사고 실험은 이미 가지고 있는 일상 경험으로부터 그 결과를 예측할 수 있는 잠재적 실험상황을 머릿속에서 구성해보는 것이었다(p. 42). (······) 분명히 갈릴레이는 실험을 했겠지만, 그보다는 중세의 사고 실험의 전통을 아주 높은 차원으로 발전시킨 사람으로서 훨씬 더 주목할 만하다. (······) 고대에 행해졌던 실험들의 목적은 대개 다음 두 가지 중의 하나였던 것 같다. (······) 어떤 실험은 다른 방법으로 이미 알려져 있는 결론을 증명하려는 의도로 행해졌고, 또 어떤 실험들은 당시에 존재하던 이론에 의해 제기된 문제들에 구체적인 해답을 주기 위해 행해졌다(p. 43)(Kuhn, 1977a).

고대 물리학의 경험적 바탕은 현대 실험 물리학의 방법과 달리 일상적인 경험이었다. 즉, 고대 자연철학자들은 복잡한 실험 없이도 사고 실험과 수학을 통해 역학이라는 학문적 체계를 갖출 수 있었던 것이다. 그렇다면 전기학과 자기학이 이러한 길을 가지 못한 이유는 무엇이었을까? 역학에서 다루는 현상이 전기학이나 자기학에서 다루는 현상과 다르다는 점에서 그 원인을 찾을 수 있을 것 같다. 물체의 낙하와 같은 고전 역학적 현상은 일상적으로 쉽게 경험하거나 조작할 수 있고 따라서 실험을 구성하기 위해 특별한 기술력이 필요하지 않다. 반면 전기학과 자기학의 바탕이 되는 현상은 일상에서 흔히 경험하는 것이 아니고 경험한다 하더라도 쉽게 다루지 못하는 것들이 대부분이었기 때문에 이 현상들을 다룰 새로운 기술과 장치가 등장할 때까지 시간이 걸렸던 것이다. 즉, 고대인들은 전기학과 자기학의 몇 가지 기초 현상을 일찍부터 경험하였지만 이 경험들을 하나의 학문적 체계로 형성하기 위해서는 기술력이 필요했다. 여기서 기술력은 새로운 현상을 만들어 낼 수 있는 능력을 뜻하고 고대의 물리학 전통 내에서는 중시되지 않았던 것이었다.

17세기의 베이컨주의 운동은 물리학 분야에서 실험적 전통을 발달시키는 역할을 하였고 이에 의해 전기학과 자기학이 발달하기 시작하였다.

> 고대와 중세의 실험은 17세기를 거치면서 베이컨주의의 영향을 받아 질적으로 새로운 경험적 전통을 형성했다. 당시에 시작된 실험 운동은 실험의 역할과 지위에 대해 과거와 다른 입장을 가지고 있었다(pp.43-4). 첫째, 길버트, 보일, 후크 등과 같은 전문가들은 고대와 같이 이미 알려진 것을 증명하기 위해서나 존재하는 이론을 확장하는 데 필요한 세부사항을 알아내기 위해 실험을 행하지는 않았다. 오히려 그들은 예전에는 관찰되지 않았던 상황, 때로는 존재하지 않았던 상황에서 자연이 어떻게 작용하는지를 알고 싶어 했다(예를 들면, 진공 상태). 둘째, 자연에 외적인 제약을 가해서 사람의 개입 없이는 있을 수 없는 조건하에서 자연이 어떻게 작용하는지 보여주는 실험이 크게 강조되었다(베이컨은 이를 '사자의 꼬리를 비트는 것'이라고 표현했었다). 셋째, 1590년 이전에는 물리과학의 기구창고가 거의 천문 관측기구들로 채워져 있었던 반면, 이후 백 년 동안 망원경, 현미경, 온도계, 기압계, 공기펌프, 전하 측정기 및 수많은 새로운 실험기구들이 급속하게 도입되고 이용되었다. 베이컨주의는 비록 고전과학 분야들의 개념적 변혁에는 공헌한 바가 적었지만(p. 45), 다른 많은 새로운 과학 분야들이 형성되게 해주는 역할을 하였다. (……) 자기에 대한 연구는 나침반과 관련하여 선원들이 가지고 있는 경험으로부터 시작되었고 (……) 전기에 대한 연구는 자석이 쇠를 끌어당기는 현상과 마찰된 호박 막대가 왕겨를 끌어당기는 현상의 관계를 얻어내고자 기울인 노력에 의해 태어났다. 게다가 이 두 분야는 모두 새로운, 그리고 보다 강력하고 세련된 기구들을 이용함으로써 그 이후의 발전이 가능했다(p. 46)(Kuhn, 1977a).

베이컨주의 운동은 일상의 경험과 간소한 조작에 의존하고 있었던 실험적 전통에서 나아가 새로 개발된 도구를 이용하여 새로운 현상을 만들어내고 이를 연구하게 하였다. 당시의 과학자들은 전기와 자기에 대한 고전적인 경험에서 나아가 어떤 물체가 전기가 통하는지 알아내기 위해 실험을 고안하고 전기를 모으기 위한 도구를 개발하는 등의 시도를 하기 시작했다. 그러나 이것이 학문으로 완성되기 위해서는 시간이 필요했다.

> 정교한 예측을 얻어낼 수 있는 일관성 있는 이론 체계를 갖추는 것이 발전된 과학 분야의 표상이라면, 베이컨 과학 분야들은 17세기 전체와 18세기 대부분을 통해서 미개발 상태에 머물러 있었다고 보인다. (……) 그러나 18세기에 이르러서는 이런 분야들에서의 실험이 보다 체계적이 되었고 점차로 특히 의미가 있다고 생각되는 몇 가지 현상으로 집중되었다. (……) 이와 같은 이론들은 대체로 정성적이었고 따라서 모호한 상태로 남아 있었지만 (……) 18세기 초에는 베이컨 과학 분야에서 볼 수 없었던 정밀도를 지닌 실험들을 대할 수 있게 되었고, 이러한 점검을 가능하게 해준 이론적 발전은 18세기의 끝 무렵까지 계속되어 이것이 점차로 해당 분야의 중심이 되어가면서 베이컨 과학 분야들은 빠른 속도로 고대에 있어서의 고전과학 분야와 아주 비슷한 상태에 올라섰다. 전기학과 자기학은 에피누스, 캐번디시 및 쿨롱에 의해 (……) (p. 47)(Kuhn, 1977a).

18세기에 등장한 정밀한 실험과 이를 바탕으로 한 정성적인 이론들은 19세기에 급속하게 수학화의 과정을 거치면서 역학과 같은 이론 체계를 갖추게 되었다. 정전기 법칙이 중력법칙과 수학적으로 같은 형태로 표현된다는 것이 밝혀지면서 뉴턴 역학의 수학 기법들이 급속히 전자기학에 도입되기 시작하였다. 포와송(Poison), 쿨롱(Coulomb), 앙페르(Ampere) 등은 뉴턴 역학적인 관점에서 전자기학 이론을 체계화하려고 했던 사람들이다. 반면 데이비, 패러데이 등은 뉴턴 역학의 관점을 거부하고 다른 관점에서 전자기 현상을 설명하려고 노력하였고, 특히 패러데이의 연구는 맥스웰에게로 이어져 고전 전자기학이 완성되게 된다.

이와 같은 전자기학의 발달과정은 전자기학에서는 역학과 달리 새로운 현상을 발견 또는 발명하고 이를 해석하는 것이 중요한 역할을 하였음을 보여준다. 물론 전자기학에 역학의 수학적 기법을 적용할 수 있게 되면서 이론 체계를 정교화할 수 있게 되었고 이론적 가설을 입증하기 위한 실험도 행해졌다. 그러나 전자기학의 중요한 개념이 성립되는 과정에는 새로운 현상에 대한 수학적 사고뿐 아니라 현상학적 사고가 역할을 하였다.

전자기학의 성립과정에서 시각적 이미지나 느낌과 같은 비명제적 지식이 중요한 역할을 했던 사례로 '장(field)' 개념을 들 수 있다. 와이즈(Wise, 1979)는 '전기와 자기의 상호 껴안음'에서 맥스웰(Maxwell)이 전자기장을 개념화하는 과정을 분석하였는데 그는 그 다중적인 과정이 '서로 껴안음'이라는 하나의 이미지가 전개되어 나아가는 과정이었음을 보여주었다. 너세시안(Nersessian, 1984, 1987, 1992b, 1992a)은 패러데이와 맥스웰의 장 개념이 성립되는 과정에서 비유적 추론과 심상적(imagistic) 추론이 '추상화 기술'의 역할을 하였다고 설명하였다. 패러데이는 자석 주위에 늘어선 철가루의 모양을 시각적 표상으로 나타냄을 통해 정성적인 장 개념을 수립할 수 있었다. 그리고 맥스웰은 패러데이가 가지고 있었던 전자기장 개념을 수학적으로 정교화하였지만 그 개념을 정립하는 과정에서 패러데이가 제시했던 이미지를 바탕으로 한 심상적 추론이 매우 중요한 역할을 하였다.

학생들은 중·고등학교에서 다양한 전자기 현상을 경험하고 배우며 그 현상을 설명하는 개념과 법칙을 배운다. 그러나 아론(Arons, 1982, 1997)이 지적하듯 이 대학생들조차도 전기적 현상과 자기적 현상을 구별하지 못하고 정전기에 의한 효과와 동전기에 의한 효과를 구별하지 못한다. 또한 장(field)과 같은 개념이 왜 등장하게 되었고 왜 필요하며 그것이 전자기 현상과 어떻게 관련지어지는지 알지 못한 채 단편적인 지식으로 기억한다.

메이어와 칼리슬(Meyer & Carlisle, 1996)은 4학년과 7학년 학생들이 실험에 대해 설명한 내용을 바탕으로 자석에 대한 학생들의 생각을 세 가지 모형으로 나누었다. 학생들이 자석과 물체 사이의 상호작용에 대해 가지고 있는 심상은 가장 간단한 모형인 '잡아당기는 모형(pulling model)', '퍼져나가는 모형(emanating model)' 그리고 '에워싼 모형(enclosing model)'이었다.

보거스와 길버트(Borges & Gilbert, 1998)는 여기에서 더 나아가 중등학교 학생, 물리 교사, 기술자, 전기 또는 전자기 관련 전문가를 대상으로 '자기(magnetism)'에 대한 모형을 조사하였다. 그들은 예측-관찰-설명(POE) 형식을 따르는 면담을 통해 자기에 대한 모형이 '잡아당김(Pulling)', '구름(cloud)', '전기(electricity)', '전기 분극(electric polarization)', '장(field)'으로 분류되었다고 보고하였다. 이와 같은 연구 결과는 자석 또는 자기장에 대한 학생들의 생각이 '장' 개념으로 나아가기가 어렵다는 것을 보여준다.

아론은 학생들이 현상에 대한 지식을 가지도록 돕기 위해 현상들을 숙지할 수 있는 시각적이고 조작적인 경험을 시켜야 한다고 주장하였다. 그가 제안한 '현상학적 사고 또는 추론'은 수학적이고 분석적인 사고에 대응하는 것으로(Arons, 1982) 2.3.2절에서 살펴보았던 시각적 이미지나 느낌과 같은 비명시적 지식을 형성하는 것과 관련이 있다. 아론은 특히 일반 물리 실험과 관련하여 '개념들이 활용되거나 시험되거나 새로운 조합으로 엮여지지 않은 채 단지 받아들여진 채로 있을 뿐'이라고 지적하면서 학생들에게 통찰과 실험을 안내해야 한다고 제안했다(Arons, 1993). 또한 학생들이 생각하도록 이끌고 통찰을 형성할 수 있도록 소크라테스식 안내를 하는 것이 필요하다고 제안했다(Arons, 1993).

이와 같은 연구 결과들은 학생들이 '이렇게 하면 어떻게 될까'와 같은 질문을 하면서 현상을 탐색하는 것이 전자기 현상에 대한 통찰을 얻는 데 도움이 된다는 것을 시사한다. 현상 구현 활동은 다양한 가능성을 검토하고, 실제로 구조물을 만들고, 실패하고, 그리고 실패의 원인을 분석함으로써 학생들이 이미 알고 있는 개념을 떠올리고 그 의미를 확장하고 때로는 자신이 알고 있는 개념의 한계를 파악하여 새로운 개념을 도입할 수 있는 기회를 제공한다고 볼 수 있다. 예를 들어 학생이 원반 자석이 공중에 떠 있는 현상을 구현하기 위해 원반 자석의 주변에 자석을 배치하면 힘이 어떻게 작용할지 생각하고 이를 직접 만드는 활동을 생각해보자. 학생은 어떤 기구를 선택하여 어떻게 배치하는 것이 좋을지 생각하는 한편으로 그와 관련된 자기력, 인력, 척력 등의 개념을 떠올릴 것이고 물체가 안정을 유지하려면 힘이 어떻게 작용해야 하는지에 대해 시각적 이미지와 느낌 등을 떠올릴 것이다. 그리고 여러 가지 구조물을 만들면서 어떤 상황에서 어떤 개념을 도입하는 것이 적절한지 학습하고 이미 알고 있는 개념을 확장 또는 수정하거나 새로운 개념을 도입하는 물리 개념 학습이 이루어지게 된다.

사례 연구

3.1. 연구의 설계

3.1.1. 초점 질문

사례 연구는 하나의 보기 또는 현상에 대한 철저하고 총체적인 서술과 분석이다. 사례 연구는 하나의 상황이나 현상에 초점을 맞추기 때문에 '특정적'이고 '서술적'이며 현상에 대한 통찰을 주는 '발견적' 성격을 띤다(Merriam, 1995). 본 연구에서는 현상 구현 활동에서 학생들의 조작 활동과 사고 활동의 과정을 분석하여 전자기 학습에서 현상 구현 활동이 어떤 역할을 하는지 탐색하기 위해 질적 사례 연구(Stake, 1995; Merriam, 1998)를 수행하였다. 이때 사례는 '과학 성취도 수준이 높은 중학교 2학년 학생들의 과학 완구 '한없는 돌이'를 이용한 '현상 구현 활동과정'이었다. 학생들의 조작 활동과 사고 활동을 정해진 기호 체계에 따라 활동도로 나타낸 뒤 다음과 같은 초점 질문을 중심으로 분석하였다.

첫째, 현상 구현 활동에서 조작 활동과 사고 활동의 상호작용은 어떻게 나타나는가?

둘째, 현상 구현 활동은 학생들이 물리학의 탐구과정을 능동적으로 수행하는 데 어떻게 기여하는가?

셋째, 현상 구현 활동은 학생들이 전자기학의 개념을 이해하는 데 어떻게 기여하는가?

3.1.2. 연구 대상

본 사례 연구에 참가한 학생들은 서울 소재 한 대학의 과학영재교육센터에서 운영하는 물리반에 선발되어 2000년 4월부터 교육받은 학생들 중 4명이었다. 물리반 학생들은 중학교 2학년 학생 총 28명이었다. 이 학생들은 학기 중에는 총 45시간에 걸쳐 전체 특강과 순환교육을 받았고 방학 중에는 총 55시간에 걸쳐 조별 기초물리 실험, 고급실험실 참관, 기초물리학 강의, 조별 물리 탐구 활동, 과학탐방을 수행하였다. 조별 물리 탐구 활동은 2000년 겨울방학 프로그램의 한 가지였고 학생들은 다섯 가지 주제 중에서 주제를 자유롭게 선택하여 참가할 수 있었다. 다섯 가지 주제는 각각 '한없는 돌이 탐구', '경락의 전자기적 특성 탐구', '고립파의 진행과 충돌', '모기장에서 빛의 회절현상 탐구' 그리고 '전자렌지에 전구를 넣으면 왜 불이 들어올까?'였다. 모두 네 명의 학생들이 '한없는 돌이 탐구'를 선택하였고 이 학생들이 모두 연구의 대상이 되었다.

과학영재교육센터의 물리반 학생으로 선발되려면 서울 시내 중학교마다 1명씩 주어지는 학교장 추천을 받고 물리 영역 선발고사에 응시하여 합격한 뒤 최종적으로 면접시험을 통과해야 했다. 본 연구에 참가한 학생들은 이러한 과정을 거쳐 선발된 학생들이었지만 본 연구에서는 몇 가지 이유 때문에 이들을 과학 영재라고 규정하지는 않았다. 본 학생들의 선발과정에서는 첫째, 각 학교마다 1명밖에 주어지지 않는 추천을 받기 위해서 대체로 학교 성적이 중요했다. 둘째, 학생 선발과정은 물리 시험과 면접의 두 단계로 이루어졌는데 이 중 면접에서 탈락자가 없었던 것으로 보아 물리 시험이 선발의 중요한 기준이었다. 대개 과학 영재를 판별하는 과정은 여러 단계를 거친다. 과학 영재의 판별 절차로는 관찰 및 각종 기록을 통한 1차 판별, 각종 표준화 검사도구에 의한 2차 판별, 전문가에 의한 실험실과정 및 결과 평가에 의한 3차 판별, 그리고 적절한 학습 프로그램에 배치하여 관찰하는 4차 판별 방법이 효율적이라고 알려져 있다(김명환, 2000). 따

라서 본 연구에서는 이 학생들을 과학 성취도가 높은 학생들이라고 규정하
였다.

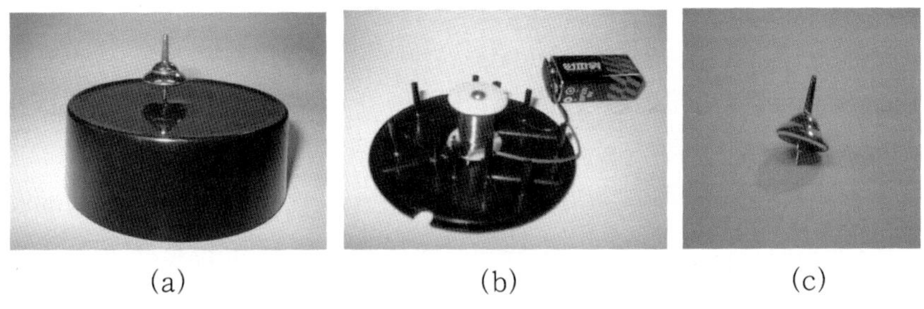

(a)   (b)   (c)

그림 3.1 과학 완구 '한없는 돌이' 의 모양

본 연구에 참가한 네 명의 학생들(두현, 종환, 민영, 현우)[3]은 모두 서로
다른 중학교에 다니고 있어서 과학 과목의 학교 진도가 모두 달랐지만 연
구가 시작된 2000년 12월 말경에는 제6차 교육과정에 준하여 중학교 2학년
과학과정이 거의 끝난 상태였고 '전기와 자기' 단원의 마지막 중단원인 '전
류의 자기 작용'을 아직 배우지 않은 상태였다. 그러나 이 학생들은 모두
개별 학습이나 사교육 기관을 통해 중학교과정에 대한 심화 학습이나 고등
학교과정에 대한 속진 학습을 하고 있었다. 현우를 제외한 두현, 종환, 민
영은 정규 학교교육 외 과정에서 고등학교 수준의 전자기 내용을 이미 접
한 상태였다. 또한 과학영재교육센터에 다니면서 1년여에 걸쳐 기초물리학
중 전자기학 강의, 고급실험실 참관, 오실로스코프 실험과 옴의 법칙 실험
을 학습하였다.

---

3) 본 연구에서 사용된 학생들의 이름은 모두 가명이다.

3.1.3. 과학 완구 '한없는 돌이'

'한없는 돌이(Top Secret)'는 미국에서 제작된 완구로서 팽이와 블랙박스로 이루어져 있다(그림 3.1(a) 참조. U.S. Patent #3783550, Andrews Manufacturing Co. Inc.). 팽이는 위가 뾰족하고 밑면이 평평한 원뿔 모양이며(그림 3.1(c) 아래쪽의 평평한 부분에 원반형 자석이 붙어 있다(그림 3.2(b)). 블랙박스는 검은색 통으로 되어 있어서 내부를 전혀 볼 수 없다. 블랙박스 내부에는 이중 코일과 트랜지스터, 9V 건전지가 들어 있고(그림 3.1(b), 그림 3.2(a)), 블랙박스의 윗면은 안으로 오목하고 가운데 부분이 약간 볼록하게 솟아 있다. 완구와 함께 들어 있는 설명서에는 '한없는 돌이'의 원리가 다음과 같이 설명되어 있다(그림 3.2(c) 참조).

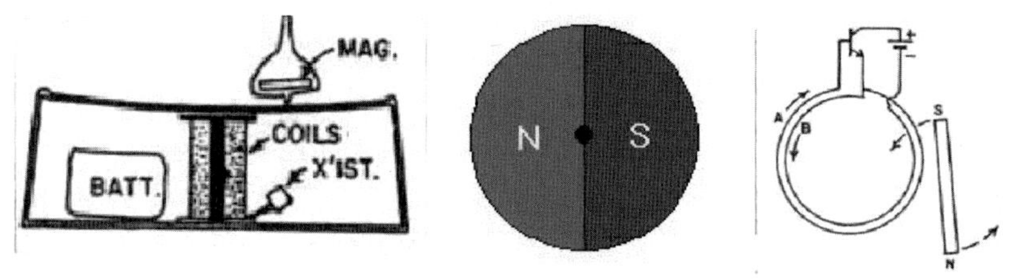

그림 3.2 과학 완구 '한없는 돌이'의 구조와 원리

설명 및 지침

작동시키려면 팽이를 플라스틱 받침 위에서 돌리면 된다. 회전시키려면 엄지손가락과 집게손가락 또는 가운뎃손가락을 이용하라. 제대로 돌게 하려면 여러 번 시도해야 할 것이지만 일단 한번 제대로 돌기 시작하면 멈추지 않고 계속 돌 것이다. 이 신비한 팽이는 오늘날의 반도체 전자공학에 의해 가능하게 되었다. 기본 단위는 특수하게 설계된 직류 전동기라고 할 수 있고 이것은 특허를 받았다. 팽이는 회전자이면서 동시에 속도 조절 바퀴이다. 팽이는 자석으로 되어 있다. 블랙박스의 내부에는 에너지를 공급하기 위한 건전지, 코일, 철심, 트랜지스터가 있다. 이 소자들은 회전하는 팽이에 의해 만들어지는 자기장을 증폭시킨다. 건전지는 팽이가 마찰을 극복하고 회전속도를 증가시키도록 전자기적인 에너지를 공급해준다. 트랜지스터는 자동 스위치의 역할을 하기 때문에 팽이가 멈추게 되면 전동기도 꺼지고 건전지 소모도 멈춘다. 팽이가 가장자리 주위를 움직이면 모터가 꺼지고, 팽이가 블랙박스의 중심 부분에 집중되어 있는 전자기장 속에 들어가거나 나오면 모터가 켜진다. 이러한 스위치 때문에 건전지의 수명이 길어지는 것이다. 우리는 팽이를 밤낮으로 돌게 하여 수백 번을 시험했다. 팽이를 멈추지 않고 계속 돌리면 새 건전지를 기준으로 5일에서 7일 정도 유지된다. 만일 가지고 놀고 싶을 때나 친구에게 보여주고 싶을 때만 쓴다면 건전지 하나로 약 여섯 달 정도 쓸 수 있다. 전동기는 조심스럽게 다룬다면 몇 년 동안 쓸 수 있을 것이다.

물리학자의 자세한 설명

'한없는 돌이'는 나에게 호기심을 자아냈다. '한없는 돌이'는 분명히 건전지로부터 어떤 방식으로 에너지를 얻고 있는데도 움직임이 불규칙적이고 자유롭기 때문이다. 나를 더욱 흥미롭게 한 것은 스위치가 없다는 사실이었다. 팽이가 돌고 있지 않을 때에는 건전지의 소모가 전혀 없었다. 그림과 같이 팽이는 플라스틱으로 되어 있고 지름이 3/4인치 정도이며 그 내부에는 영구 자석이 옆으로 놓여 있다. 팽이는 오목한 플라스틱 통 위에서 도는데 플라스틱 판 밑에는 9볼트 건전지, 트랜지스터, 두 방향으로 감긴 코일이 있다. 설계도는 그림과 같다. 자석의 한 끝이 코일 위로 다가감에 따라, A방향으로 감긴 코일에 전류가 유도되고, 트랜지스터(NPN)의 베이스(base)가 (+)가 되도록 전류가 흐른다. 그러면 이미터에서 컬렉터로 흐르는 전류가 코일 B를 따라 흐르게 된다. 전류 B가 전류 A와 반대 방향이 되도록 접합해야만 하는데 그 이유는 렌츠의 법칙 때문이다. 렌츠의 법칙에 의하면 A에 유도되는 전류는 접근하는 자석을 밀어내는 방향으로 흐른다.(렌츠의 법칙은 에너지 보존 법칙에 대한 설명이다. 에너지는 A에서 분산된다. 그러므로 자석을 밀어내도록 일을 해야 한다.) 그러나 두 코일의 알짜 힘이 코일을 향해 자석을 끌어당기는 힘이 되어야 하기 때문에 B에 흐르는 전류는 A에 흐르는 전류와 반대 방향이어야 하고 더 세야 한다. A의 자기장이 B에 미치는 영향이나 그

반대의 경우에 대해 걱정할 필요는 없다. 왜냐하면 이 두 자기장은 자석의 자기장에 비해 매우 약하기 때문이다.

이 회로의 아름다움은 에너지가 팽이에게로 전이된다는 데에 있다. 자석의 N극이 코일에 다가가면 끌린다. N극이 코일에서 멀어질 때에는 아무런 힘이 작용하지 않는다. A에 흐르는 전류의 방향은 반대이지만 트랜지스터는 전류를 전달하지 않기 때문이다. 따라서 자석의 S극이 다가가면 아무런 힘도 받지 않는다. 그러나 코일에서 멀어질 때는 밀리는 힘을 받는다. 시계방향인지 반시계방향인지는 상관이 없다. 트랜지스터를 NPN에서 PNP로 바꾸어도 아무런 차이가 없다. 단지 극과 방향이 거꾸로 되는 것밖에는 차이가 없고 결과는 같다. 팽이가 회전하지 않고 있을 때에는 건전지의 소모가 없다. 왜냐하면 코일 A에 걸리는 전압이 0.5V가 되어야 트랜지스터가 작동을 시작하기 때문이다. 처음의 한계를 넘기 위해서는 팽이를 처음에 빨리 돌려주어야 한다. 그러나 일단 팽이가 돌기 시작하면 에너지의 전이율이 매우 높아져서 팽이가 여기저기를 돌아다니다가도 잠깐 중심 중위를 지나면 회전속도가 빨라진다. 회전율은 약 3000rpm이다. 그리고 코일은 작은 원통형 철심에 각각 4000번씩 감겨 있다.

'한없는 돌이'는 이 완구를 처음 보는 사람들에게 매우 놀라움을 느끼게 한다. 팽이가 멈추지 않고 계속 회전할 뿐만 아니라 블랙박스의 중심부분을 지나면서 오히려 회전속력이 더 빨라지기 때문이다. 김재우(2000)는 중학생들의 과학적 탐구 문제 설정과정을 분석한 연구에서 학생들에게 '한없는 돌이'를 제시하자 '현상 자체가 자신의 경험과 불일치한 신기한 현상으로 인식되어 현상 자체가 탐구 문제와 동일시되는 경향을 보였다'고 보고하였다. 즉 '한없는 돌이'에서 '팽이가 멈추지 않고 계속 도는' 현상은 학생들에게 자연스럽게 궁금증을 불러일으키고 동기를 유발할 것이라고 예상할 수 있다. 또한 과학 완구 '한없는 돌이'는 특정 물리 이론을 예시하기 위해 현상을 단순화하여 제시하는 장치라기보다는 복합적인 현상을 보여주는 장치이다. 설명서의 내용을 살펴보아도 알 수 있듯이 '한없는 돌이'는 중학교 2학년 학생들이 내부 구조를 추측하기 어려운 완구이다. 따라서 물리 이론을 도입하여 원리를 설명하려고 노력하지 않으면 '자석팽이가 한없이 도는 현상'을 쉽게 만들 수 없다. 물리 학습 상황에서 의도한 현상이 잘 구현되지 않는다는 점은 학생들로 하여금 현상이 구현되지 않는 이유를 생각해보게 하고 현상을 구현하기 위해 어떻게 해야 할지 알아내기 위해 자신이 알고 있는 물리 개념을 모두 검토하게 만들 수 있다. 만일 구조화된 노력 없이 현상이 쉽게 구현된다면 물리 학습 상황에서 의미를 가지기 어려울 것이기 때문이다. 이러한 이유 때문에 '한없는 돌이'를 현상 구현 활동의 소재로 선택하였다.

3.1.4. 학생 활동

학생들에게 주어진 과제는 빈 블랙박스 내부에 구조물을 만들어 '팽이가 한없이 도는 현상'을 구현하는 것이었다.

현상 구현 활동에서 구현의 대상이 되는 현상은 아직 세상에 존재하지 않는 현상일 수도 있고 누군가가 이미 만든 현상일 수도 있다. 학교 물리 실험에서 학생들도 물리학자들과 같이 자신이 아직 본 적이 없는 현상을 스스로 떠올리고 이를 직접 구현하는 활동을 할 수 있다. 학생들이 그와 같은 활동을 하는 것은 매우 값진 일이지만 그런 일이 일어나는 경우는 매우 드물다. 따라서 물리 학습 상황에서는 교사가 어떤 식으로든 학생들에게 구현할 현상을 제시할 것이 기대된다. 교사가 학생들에게 구현할 현상을 제시하는 방법은 두 가지가 있다. 한 가지는 구체적인 실물을 제시하지 않고 이미지를 떠올리게 하는 것이다. 예를 들어 학생들에게 '이 자석이 공중에 가만히 떠 있게 할 수 있을까?'라고 질문하면 학생들은 머릿속에서 자신이 구현할 현상에 대한 나름의 이미지를 형성할 것이고 이때 구체적인 이미지는 학생마다 다를 수 있다. 또는 구현할 현상을 직접 눈앞에서 보여주고 이를 재현하게 할 수도 있다. 이와 같은 방법은 개방성의 측면에서 볼 때 좀더 닫힌 형태이지만 여전히 불확실성은 존재한다. 구딩(Gooding, 1989b)은 패러데이의 실험이 과학교육에 주는 시사점을 논하면서 불확실성이 창의적인 활동과 매우 밀접하게 연관되어 있음을 지적하였다. 본 연구에서 학생들은 '한없이 도는 자석팽이'를 직접 보았지만 똑같은 현상을 구현하기 위해서는 물질세계의 사물을 조작하고 탐색해야 했다. 또한 구현할 현상이 정해져 있음에도 불구하고 학생들은 자신이 그 현상을 구현할 수 있을지 또는 어떤 기구를 쓰는 것이 적합할지 그 모든 것들이 분명하지 않았다. 현상을 구현하기 위해 노력하는 과정에 초점을 맞춘다면 중요한 것은 어떤 생각을 가지고 활동을 시작하는 것 그리고 그 생각을 전개해가는 것이다.

본 사례 연구는 2000년 12월 말부터 2001년 1월 중순까지 이루어졌다. 조별 물리 탐구 활동을 위해 본래 예정되었던 시간은 2000년 12월 26일부터 29일까지 매일 세 시간씩 총 12시간으로 학생들은 탐구가 끝난 뒤 결과보고서를 제출하고 2001년 1월 말에 있을 발표회에서 보고하도록 되어 있었다. 그러나 학생들은 예정된 시간 안에 탐구를 끝내지 못했기 때문에 2001년 1월에도 더 모여서 추가 실험을 하고 발표 준비를 했다. 따라서 전체 탐구 시간은 총 23시간이었다. 학생 활동과정은 표 3.1과 같다. 물리 탐구 첫날 처음 한 시간 반가량은 학생들에게 '한없는 돌이'를 주어 현상을 관찰하고 만져볼 수 있게 했다. 단, 블랙박스 내부는 보지 못하게 했다. 두 시간가량의 관찰이 끝난 뒤 블랙박스를 다시 모아 내부의 구조물을 제거하고 빈 통만을 돌려주었다.[4] 이후부터 학생들은 팽이가 멈추지 않고 계속 돌아가는 현상을 구현하기 위해 둘째 날부터 다섯째 날까지 총 14시간에 걸쳐 구조물을 실제로 만드는 활동을 했다. 다섯째 날이 끝날 무렵에는 학생들이 더 이상 새로운 구조물을 시도하지 않았기 때문에 교사는 학생들에게 더 이상 만들기 활동을 시킬 필요가 없다고 판단했고 따라서 여섯째 날과 일곱째 날에는 실제 실험 없이 토의를 통한 사고 실험 중심의 활동을 했다. 여섯째 날에는 현우만 출석했기 때문에 연구자의 주도로 토론이 이루어졌고 따라서 자연스럽게 면담이 이루어졌다. 일곱째 날에는 민영이를 제외한 세 명의 학생이 모두 출석하여 다섯 시간에 걸친 긴 사고 실험을

---

4) 블랙박스 내부의 구조물을 제거하고 난 후에도 학생들의 요청에 따라 원본 '한없는 돌이' 한 벌은 가운데 책상에 두어 관찰할 수 있게 허용하였다.

하였다. 이날 민영이는 몸이 아파 출석하지 못했고 그 대신 온라인 게시판
에 그동안의 실험 일지와 최종 견해를 올렸다.

표 3.1 '한없는 돌이'를 이용한 현상 구현 활동의 진행과정

순 서	일 시	시 간	내 용	참가학생
1	12월 26일(화) 09:00-12:00	3	'한없는 돌이' 관찰, 설계도 만들기, 필요한 준비물 요청	민영, 현우, 종환, 두현
2	12월 27일(수) 09:00-12:00	3	실제 실험 중심 활동	〃
3	12월 28일(목) 09:00-12:00	3	〃	〃
4	12월 29일(금) 09:00-12:00	3	〃	〃
5	1월 10일(수) 10:00-12:00 13:00-16:00	5	〃	〃
6	1월 11일(목) 14:00-15:00	1	사고 실험 중심 활동	현우
7	1월 19일(금) 14:00-17:00 18:00-20:00	5	〃	현우, 종환, 두현
8	1월 20일(토) 오전	-	공개 발표회	〃
합 계		23	-	총 4명

　　학생들이 조별 물리 탐구 활동을 수행했던 장소는 대학의 한 회의실이었
다. 큰 테이블과 전기시설과 컴퓨터가 갖추어져 있었고 교사는 학생들이
요청하는 실험기구들을 당일 또는 다음날까지 모두 준비하여 주었다. 구조
물을 직접 만드는 실제 실험은 기본적으로 개별 활동이었지만 서로의 구조
물에 대해 자연스럽게 의견을 제시하고 대화하는 것은 허용하였다. 이에
반해 사고 실험은 토론 중심의 공동 활동이었다. 각자 자신이 시도했던 구
조물을 설명하거나 새로운 구조물을 제안하였고 이에 대해 교사와 학생들

은 함께 토론하였다.

3.1.5. 교사와 연구자의 역할

지도교사는 과학영재교육센터가 설치된 대학의 과학교육과 박사과정 학생으로 과학영재교육센터의 프로그램 중 조별 물리 탐구 활동에 참여하였다. 중학교에서 과학 과목을 가르친 경험이 있고 사설 기관에서 영재아들을 가르쳐본 경험이 있는 교사였다. 교사는 학생들이 요청하는 실험 기구와 재료를 준비해주고 실험실 안전을 책임졌다. 교사는 학생들이 가끔씩 질문하는 내용에 대답을 해주었으나 되도록 정답이 아닌 학생들의 사고를 자극하기 위한 대답과 질문을 하였다. 실제 실험을 하는 동안 교사는 조력자에 가까웠고 학생들이 주도권을 가지고 있었다. 반면 사고 실험을 하는 동안은 교사가 토론을 주관하였다. 교사는 각 학생에게 의견을 발표하게 하였고 다른 학생들에게 그에 대한 의견을 제시하게 하여 토론을 도왔다.

연구자는 교사 및 학생들과 함께 실험실에 있으면서 학생들을 관찰하고 면담하고 학생들의 실험 활동을 비디오로 촬영하였다. 학생들은 연구자에게 궁금한 것을 질문하거나 의견을 묻는 등 연구자를 교사와 동등하게 인식하였다. 연구자는 학생들과 대화하는 것을 피하지 않았고 지도교사처럼 행동하였다. 또한 교사와 함께 학생들이 요청한 기구와 재료를 준비하였고, 학생들에 대한 의견을 교사와 지속적으로 공유하였다.

3.1.6. 자료 수집 및 분석 방법

본 연구에서 분석 자료가 된 것은 학생들이 매일 기록한 실험일지, 최종 보고서, 인터넷에 개설된 온라인 게시판의 글, 연구자의 현장기록, 8회에 걸친 학생과의 면담 기록물, 학생 활동을 촬영한 비디오테이프의 녹취물이었다. 실험일지의 내용은 주로 그림과 간략한 메모였고, 최종 보고서는 일곱째 날 학생들이 토론을 끝낸 후 함께 작성한 것이었다. 현장 기록은 연구자가 실험실에서 학생들을 관찰하면서 10분 간격으로 학생들의 행동을 기록한 것이었다. 학생 면담은 둘째 날부터 다섯째 날까지 하루에 두 번씩 진행하였다. 연구자가 캠코더를 들고 학생에게 다가갔고 질문과 대답을 모두 촬영하였다.

표 3.2 현상 구현 활동과정을 나타내기 위한 문자 기호

기 호	의 미
G (Goal)	목적
A (Artifact)	실험 장치, 구조물
T (Theory)	물리 이론
M (Model)	모형
H (Hypothesis)	가설
O (Observation)	관찰 결과
O' (Observation)'	예상되는 관찰 결과
R (Repeat)	반복

현상 구현 활동의 과정을 서술하기 위한 분석의 단위는 학생들이 제안하거나 만든 구조물이었다. 실제 실험을 분석할 때는 학생들이 그린 그림이나 직접 만든 구조물을 중심으로 학생들의 말과 행동을 분석하였고, 사고 실험을 분석할 때는 학생들이 칠판에 그린 그림과 그에 대한 말과 행동을 분석하였다. 구조물을 분석 단위로 삼은 이유는 학생들이 만든 구조물이 실제 사물에 대한 조작과 물리 개념에 대한 이해를 모두 포함하고 있기 때문이다. 카스와 맥도날드(Kass & Macdonald, 1999)는 만들기(building)에 대해 '환경으로부터 물질 자원과 전문지식을 체화하는 것이 포함된 자기 조직화의 과정이다. 즉 만들기는 정신적 과정이면서 동시에 물리적 과정이다'라고 했다. 또한 '물리적 형태로 분명히 드러난 아이디어는 그렇지 않은 것과 다른 존재론적 지위와 인식론적 지위를 갖는다'고 하였다.

구조물을 중심으로 학생 활동을 서술한 뒤 표 3.2 및 그림 3.3의 기호 체계를 이용하여 각 학생별로 활동도를 그렸다. 이 기호 체계는 구딩(Gooding, 1990a, 1990b)이 패러데이의 전동기 발명과정을 그림으로 나타낼 때 사용한 것을 로스 등(Roth et al., 1997)이 수정한 것이다. 로스 등(Roth et al., 1997)은 구딩의 기호 체계를 수정하여 학교 물리 실험의 과정을 분석하는 데 사용하였고, 로스(Roth, 2001b)는 같은 기호 체계를 사용하여 설계 활동을 분석하였다(2.2.2절 참조).

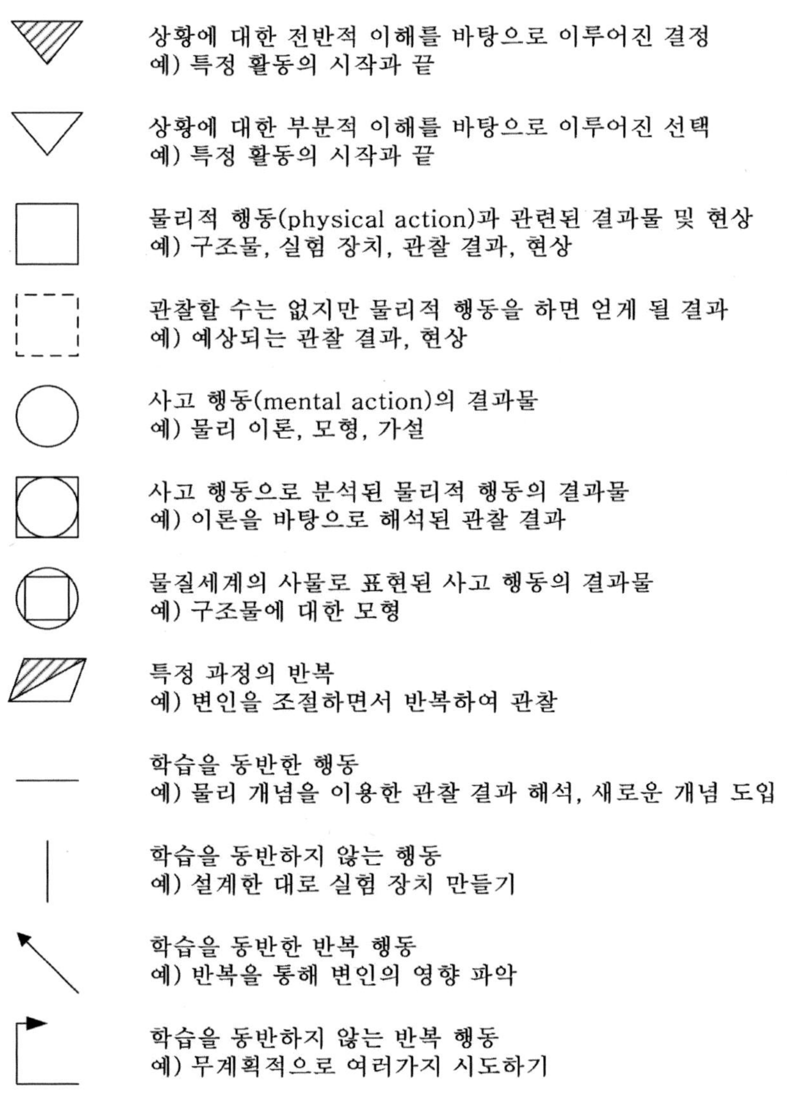

그림 3.3 현상 구현 활동과정을 나타내기 위한 도형 기호

현상 구현 활동에서 학습자의 행동과 행동의 결과를 나타내기 위해 사용한 기호 체계는 그림 3.3과 같다. 삼각형, 사각형, 원, 평행사변형과 같은

도형은 행동의 결과를 나타내는데 삼각형은 활동의 시작과 끝에 해당하는 결정과 선택을 뜻한다. 속이 찬 삼각형은 상황에 대한 전반적인 이해를 바탕으로 하나의 활동을 시작하거나 끝내기로 결정했음을 뜻한다. 예를 들어 한 가지 목적을 성취하기 위해 활동을 한 뒤 결론을 내리고 활동을 끝낼 때 사용한다. 반면 속이 빈 삼각형은 상황에 대한 부분적인 이해를 바탕으로 이루어진 선택을 나타낸다. 한 가지 문제를 해결하지 않은 상황에서 잠시 접어두고 다른 활동을 시작하거나 부분적으로 활동이 끝났을 때가 이에 해당한다. 사각형과 원은 행동의 결과를 나타낸다. 물리적 행동(physical action)의 결과 구조물을 만들거나 특정 현상을 만든 경우, 특정한 결과를 관찰한 경우 사각형으로 표시한다. 또한 사고 실험의 경우처럼 직접 행동의 결과를 얻을 수는 없지만 행동이 이루어진다면 얻을 수 있는 잠재적인 관찰 결과나 현상은 점선 사각형으로 나타낸다. 반면에 사고 행동(mental action)의 결과 도출된 물리 이론이나 모형, 가설은 원으로 표현한다. 그러나 구딩(Gooding, 1990a)이 지적하듯이 실험에서 사고 세계와 물질세계는 완전히 분리된 것이 아니라 상호의존적이기 때문에 이 두 세계가 공존하는 행동의 결과가 존재한다. 사각형 안에 원이 있거나 원 안에 사각형이 있는 경우가 이에 해당한다. 원 안에 사각형이 있는 것은 구체적인 물질세계의 사물로 표현된 사고 행동의 결과물을 나타낸다. 머릿속에서 구조물을 모형화하거나 관찰 결과에 대해 가설을 세운 경우가 이에 해당한다. 또한 이론을 바탕으로 해석된 관찰 결과와 같이 사고 행동으로 분석된 물리적 행동의 결과물은 사각형 안에 원을 그려 나타낸다. 평행사변형은 특정 과정의 반복을 나타낸다.

각종 선들은 행동을 나타낸다. 가로 직선은 학습이 일어나는 행동을 나타내고 세로 직선은 학습이 일어나지 않은 행동을 나타낸다. 예상과 다른 현상을 관찰하거나 관찰을 통해 새로운 사실을 알게 되거나 물리 이론을 바탕으로 구조물을 설계하는 것은 학습이 일어나는 행동이므로 가로 직선으로 표시하고 설계한 대로 실험 장치를 만들거나 결과 해석 없이 일련의 행동을 하는 것은 학습이 일어나지 않는 행동이므로 세로 직선으로 나타낸다. 화살표는 반복행동이 있는 경우 사용하는 데 반복하면서 학습이 일어나면 대각선 방향으로 표시하고 반복해도 향상되는 것이 없는 경우는 꺾인 화살표로 표시한다.

또한 도형 기호와 함께 알파벳 약자로 나타낸 문자 기호를 사용하여 활동도에 설명을 부가하였고 그 의미는 표 3.2와 같다. 이와 같은 기호 체계를 이용하여 각 학생의 조작 활동과 사고 활동을 분석한 뒤 활동도로 나타내었다.

3.2. 결과 및 논의

3.2.1. 현상 구현 활동의 과정

본 절에서는 자석팽이가 한없이 도는 현상을 구현하기 위해 학생들이 제안하고 만든 구조물을 중심으로 현상 구현 활동의 과정을 살펴볼 것이다. 각 학생별로 사례를 분석한 뒤 이것을 표 3.2 및 그림 3.3의 기호 체계에 따라 활동도로 나타내고 조작 활동과 사고 활동의 상호작용을 분석하겠다.

3.2.1.1. 두현이의 사례

첫날 두현이는 원본 블랙박스 위에서 팽이를 돌렸을 때 팽이가 '판의 볼록한 부분에서 속력이 빨라졌다가 튕겨져 나간다'는 것을 관찰하였다. 자석을 이용하여 팽이의 밑면이 자석이라는 것을 알아냈고 블랙박스의 중심 부분과 반지름 모양의 특정한 부분에 쇠로 된 물질이 들어 있다는 것을 알아내었다.

판 속에 볼록 튀어나온 곳에 동그란 자석을 붙여보았다. 달라붙었다. 그러나 양쪽 면에 다 붙었다. 그러므로 자석은 아닌 것 같고 철 등이 있는 것 같다.(실험일지)

빈 블랙박스의 중심 부분에 자석을 붙이고 팽이를 돌려보았더니(그림 3.4(a)) 튕겨나갔다고 기록하였다. 첫날의 활동이 끝난 뒤 두현이는 다음 날의 활동을 위해 압정 10개, 철사 30cm, 스카치테이프를 요청하였다.

두현이가 둘째 날 처음으로 시도했던 구조물을 압정 두 개를 붙이고 철사를 이은 것이었다(그림 3.4(b). 두현이는 '원본을 따라했어요'라고 그 이유를 설명하였다. 두현이가 그 이후에 시도했던 구조물도 압정과 철사를 이용하여 전날 관찰했던 것과 같은 모양으로 팽이가 돌게 하려는 것이었다(그림 3.4(c)에서 그림 3.4(e)까지). 두현이는 '팽이가 별 모양을 그리며 규칙적으로 돌았다'는 점을 염두에 두었고 그렇게 하기 위해 압정으로 오각형 모양을 만들고 그 사이를 철사로 연결하여 길을 만들면 팽이가 그 길을 따라 움직일 것이라고 생각하였다.

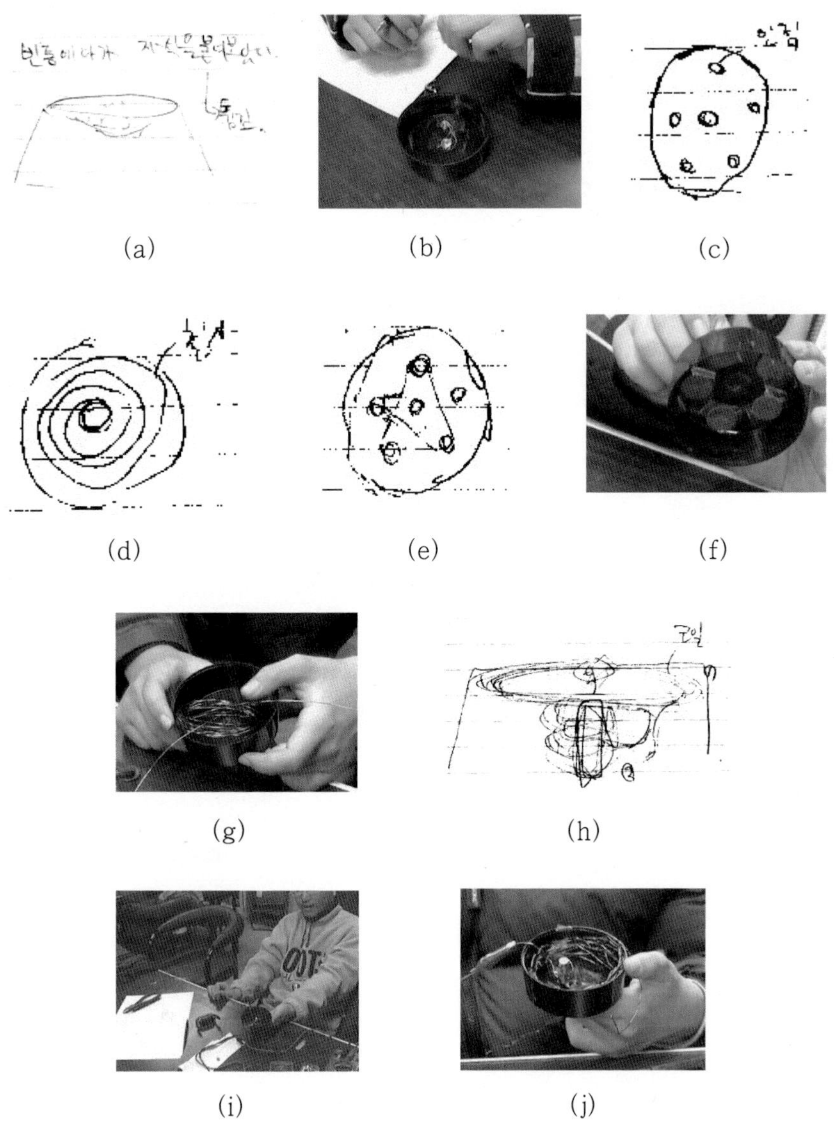

그림 3.4 두현이의 현상 구현 활동과정

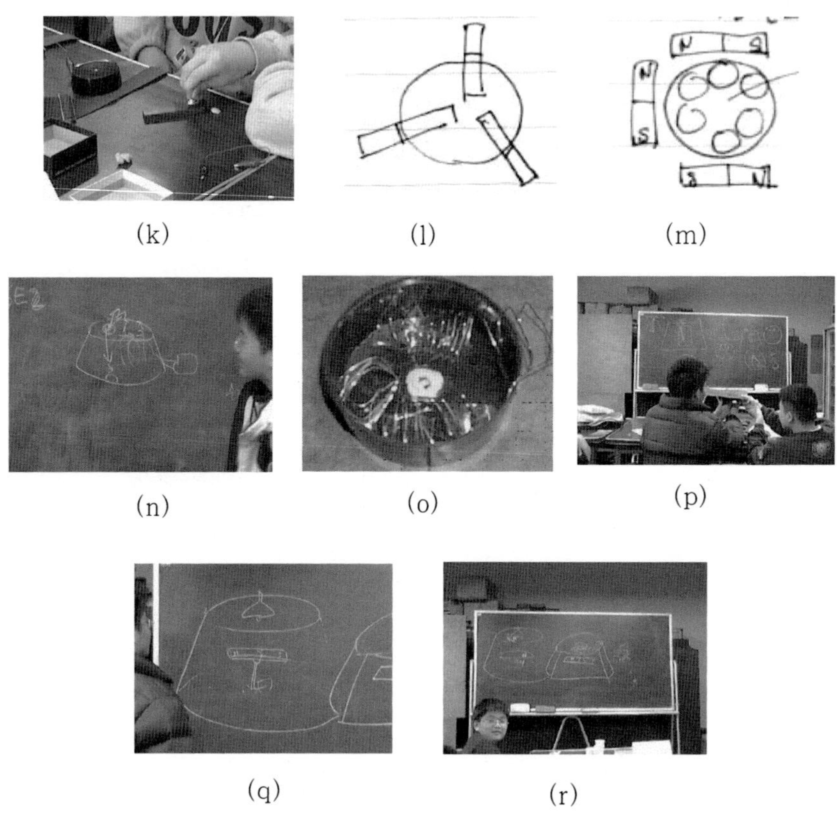

(k)   (l)   (m)

(n)   (o)   (p)

(q)   (r)

그림 3.4 두현이의 현상 구현 활동과정(계속)

압정을 가운데 두고 주변에 철사를 둘렀어요. 원본을 따라했어요.

(그림 3.4(b), 면담)

이유: 팽이가 별 모양을 그리며 돌 것이다.
결과: 돌다가 멈춘다.

(그림 3.4(c), 실험일지)

이유: 팽이가 가운데를 중심으로 돌 것이다.
결과: 역시 돌다가 멈춘다.

(그림 3.4(d), 실험일지)

이유: 팽이가 돌도록 철사로 길을 만들어 주었다.
결과: 도는 모양은 거의 비슷하지만 역시 얼마 못가고 멈춘다.

(그림 3.4(e), 실험일지)

두현이는 예상과 달리 팽이가 금방 멈추자 철판 위에서 팽이를 돌려보고 철판에 팽이를 천천히 가져가서 팽이에 작용하는 힘을 느껴보았다. 그리고 자석을 이용하여 구조물을 만들기 시작했다(그림 3.4(f)).

끝없이 돌 수 있는 힘이 자기력이라 생각하고 자력이 약한 자석을 붙여 보았으나 역시 팽이는 멈추고 말았다.(실험일지)

두현이는 셋째 날에도 자석의 세기와 위치를 바꾸어가며 팽이가 별 모양으로 돌게 하려고 시도하였다. 그러나 팽이는 계속 멈추자 코일을 이용하기 시작하였다(그림 3.4(g) 참조).

자석으로 하다가 안 되어서 전자석을 하려고 해요. 전자석을 타고 들어가서 안으로 돌도록. 자석으로 하면 아무래도 안 될 것 같아서 (……) (면담)

두현이는 가운데에 전자석이 있고 가장자리에 코일이 있는 구조물을 설계한 뒤(그림 3.4(h) 이에 대해 다음과 같이 설명하였다.

자석팽이가 코일 ①을 돌면 전류가 흐르므로 코일 ②에서 전자석이 만들어진다.(실험일지)

넷째 날에도 두현이는 주로 전자석을 이용한 구조물을 만들었고 직류전원장치와 건전지의 전압, 전자석에 감긴 코일의 횟수를 조절하면서 팽이의 운동을 유심히 관찰하였다(그림 3.4(i)). 실험이 진행되면서 두현이는 처음 전자석과 코일을 사용할 때와 달리 '자기장'이라는 개념을 도입하여 팽이의 운동을 설명하려고 시도하였다.

    연구자: 전자석을 넣은 이유가 뭐야?
    두현: 자기장이 생기게 하려구요.
    연구자: 왜 자기장이 생겨야 하지?
    두현: 그래야 왔다 갔다 할 수 있죠.
    연구자: 자석으로 한 것과 어떤 차이가 있지?
    두현: 지금은 잘 대답 못하겠어요.

두현이는 계속해서 첫날 관찰했던 팽이의 움직임과 똑같은 모양의 움직임을 만들어내는 데 초점을 맞추었다. 그러나 그러한 시도가 계속 실패로 끝나자 팽이의 움직임을 설명하는 데 좀더 주의를 기울이기 시작하였다.

    연구자: 하려던 거 다 해봤어?
    두현: 네.
    연구자: 만족스럽니?
    두현: 아뇨.
    연구자: 뭐가 문제인 거 같니?
    두현: 안에 뭐가 있는지 모르니까, 원리를 모르고.
    연구자: 지금 하고 있는 것은 뭐야?
    두현: 전자석과 같은 극이 되도록 코일을 감아서.

    민영: 목표 시간을 정하자. 팽이가 도는 시간.
    두현: 원리만 알면 간단한데 …… (종환을 향해) 원리에 대해 …… 있냐?
    종환: (검색한 문서의) 아래에 있는데 아랫부분이 없어.
    두현: 이게 누가 발견한 거라면 논문이 어디 있을 텐데 ……

다섯째 날 두현이는 다시 자석과 코일을 이용하여 구조물을 만들었고 '자기장' 개념을 이용하여 그 이유를 설명하였다(그림 3.4(j)).

    연구자: 뭐하고 있니?

두현: 전처럼 자기장이 두 개가 되도록 하려구요.
연구자: 모임이 없는 동안 생각해본 건?
두현: 생각은 해봤는데 떠오르는 게 없어요.

이때 옆자리에 있던 종환이도 같은 모양의 구조물을 만들고 있었다. 연구자와 면담할 때 종환이는 가운데 있는 전자석의 극과 테두리의 코일이 만드는 극이 서로 달라야 한다고 말한 반면, 두현이는 전자석과 같은 극이 되도록 코일을 감아야 한다고 설명했다. 이때부터 두현과 종환은 서로의 상반된 생각에 대해 토론을 시작하였다. 그리고 자신의 생각을 설명하기 위해 막대자석과 팽이를 이용하였다(그림 3.4(k))

종환: (막대자석 위에서 팽이를 옮겨가며) 팽이의 극이 반반이니까 다른 극이면 붙어버리지.
두현: 그게 아니지. 이걸 봐.

20분가량의 토론이 끝난 뒤 두현이는 토론에 사용했던 막대자석들과 원반자석을 이용하여 여러 가지 구조물들을 만들기 시작했다(그림 3.4(l)와 3.4(m)). 두현이는 블랙박스의 테두리를 따라 같은 극을 배열하고 싶다며 약한 자석을 요청하기도 했고 가운데 부분에서 밀어내야 한다며 가운데 자석을 붙이기도 했다.
그러나 의도하는 대로 결과가 잘 나오지 않자 다시 코일과 전자석을 이용한 구조물을 만들며 생각하기 시작했다.

두현: 이게 왜 이리 안 될까?
두현: ……
두현: (교사를 향해) 코일에 자석이 붙나요?
현우: 안 붙지.
교사: 왜?
두현: 가운데 코일을 붙이구요, 자기장이 생기면 팽이가 …… (팽이를

돌리며 생각)

그렇게 생각한 지 20분가량 흘렀을 때 두현이는 갑자기 소리를 질렀다.

두현: 이런 자기장을 어떻게 만들 수 있을지 생각해냈어!(종이 위에 쓴
   다) 뒤에서는 안으로 들어오고, 가운데서 밖으로 나가고

종환: 야, 자기장 방향 어떻게 결정하는 거야? (손가락으로 보이며) 이
   렇게 감으면 …… 다 까먹었어.

두현: 이거야, 손가락 세 개로(왼손으로 보여준다)

종환: 오른손 말아 쥐는 거 아냐?

두현: 이 손가락이 뭐지? 자기장이야?

민영: 나는 오른손으로 하는 것만 알고 있는데 ……

두현: 플레밍의 왼손 법칙이 뭐지?

종환: 난 잘 모르겠어. 손 쥐는 것만 알아.

두현: 선생님 뭐죠?

교사: (간략한 설명)

교사: 무슨 생각을 했는데?

두현: 이렇게 자기장을 만들면 올라갔다가 내려갔다가 튕겼다가 다시
   오고.

교사: 자기장의 방향이 팽이가 움직이는 방향이야?

민영: 그러면 S극으로 하면 팽이가 붙고 N극으로 하면 팽이가 떨어져?
   그러면 가운데 N극을 놓고 주위에 S극으로 싼 다음에 …… 가운
   에 SNNS 그러면 저 모양이 나오겠네. 저렇게 해도 뒤로 돌진 않
   는다니까?

교사: (현우를 보며) 어떻게 생각해?

현우: 안 된다니까. 팽이에 맞춰야죠. 저걸. 안 된다니까!

두현이는 자석팽이가 멈추지 않고 계속 돌기 위해 어떤 자기장이 생겨야
하는지 그림을 그리기 시작했고 그러한 자기장을 만들려면 코일을 어떻게
배치해야 하는지 알아내려고 애쓰고 있었다. 다섯째 날 오후 내내 두현이
는 코일과 전자석, 막대자석을 가지고 자기가 생각한 모양의 자기장을 만

들기 위해 시도하였고 왼손 법칙을 이용해 팽이가 받는 힘을 따져 보았다. 두현이는 이날 활동이 끝날 무렵에 친구들 앞에 나가 칠판에 그림을 그려 가며 설명을 하였다(그림 3.4(n)).

연구자: 뭐하니?
두현: 돼야 되는데 안 돼요.
연구자: 설명해볼래?
두현: 코일을 감어가지구요. 이렇게 되서 왼손 법칙에 의해 N극과 S 극
      이 있으면 힘을 이쪽으로 받잖아요. 그게 잘 안 돼요.

두현: (칠판 앞에서 설명)
교사: 자기장 속에 전류가 흐르면 뭐가 힘 받는 거니?
민영: 자석이 밀려나는 거 아니에요?
교사: 다시 공부 한번 해봐.
종환: 지금 어떻게 해요?
두현: 아, 알았어.

이날 두현이는 플레밍의 왼손 법칙을 이용하여 구조물을 설계하고 직접 만들어 확인하는 실험을 계속하였지만(그림 3.4(o)), 결국 자석팽이가 멈추지 않고 계속 도는 현상은 만들어내지 못했다. 두현이는 최종 보고서에 '플레밍의 법칙을 이용한 코일'에 대해 다음과 같이 정리하였다.

동기: 코일을 감아서 전류를 일정한 방향으로 흘려 플래밍의 왼손 법칙
      으로, 자기장의 방향을 고려하여 제작해 보기로 했다.
가설: 팽이의 한극과 다른 극을 블랙박스에 설치, 그리고 코일을 이용하
      여 전류의 방향을 일정하게 하고 플래밍의 법칙을 적용하면 힘을
      받는다.
예상: 가설대로 일정한 힘을 받으면 오래 돌 수 있을 것이라고 생각하였다.
결과: 속에 아무 것도 안 넣은 것과 같은 효과가 나타나는 것 같았다.
실패한 이유: 코일에 의해서 생기는 자기장에 의해서 운동에 영향을 받

는 것이 팽이가 아니라 도선이 영향을 받기 때문이다. 그리고 통에 도선이 고정되어 있다고 해도 그럼 통에 힘이 가해지기 때문이다.

일곱째 날 토론에서 두현이는 다섯째 날 칠판에 그렸던 그림(그림 3.4(n))을 다시 제안하고 설명하였다.

    두현: 저번에 했던 건데요, 코일을 이렇게 하면요, 전류가 이렇게 흐르거든요, 여기서 S극이 있으면 전류의 방향이 이거고 팽이가 이렇게 힘을 받아요.
    교사: 자기장에 도선이 있으면 뭐가 힘을 받지?
    두현: 팽이가 힘을 받죠 …… 도선이 힘을 받죠.
    교사: 도선이 고정되어 있으면?
    두현: 자석이 반대로 힘을 받아요.

이후 두현이는 다른 친구들이 제안한 구조물에 대해 함께 토론하는 한편 자신이 제안한 구조물에 대해 계속 생각했다. 그리고 쉬는 시간에 두현이와 종환이는 그림 3.4(p)와 같이 도너츠형 자석과 원반자석을 모형으로 삼아 다시 팽이의 움직임에 대해 생각하였다.

    두현: (종이 위에 도너츠형 자석을 두고 그 밑에 자석을 가져가 이리저리 해본다) 이렇게 하면 자석이 돌잖아.
    종환: 이걸 아래로 하면?
    두현: 그건 안 되네. 이게 이렇게 돌아야 돼.

두현이는 만족스러운 구조물이 생각나지 않자 고등학교 물리 참고서를 찾아보다가 맴돌이 전류와 함께 소개된 '아라고의 회전판'을 발견하고는 그 원리를 적용한 구조물을 제안하였다.

두현: 책에서 봤는데요. 아라고의 회전판. 자석을 돌리면 구리 원판이 돌
　　　아요. 이 원리를 이용해서요, 자석을 꽉 붙들어 매고, 모터는 빠르
　　　니까 축바퀴로 천천히 돌리면 구리로 만든 팽이가 돌아요.
현우: 팽이가 자석이잖아.

두현이는 팽이가 구리판이고 밑에 자석이 있으면(그림 3.4(q)) 팽이가
한없이 돌 수 있지만, 팽이가 자석이고 밑에 구리판이 있으면(그림 3.4(r))
한없이 도는 것이 불가능하다고 주장하였다.

두현: 자석이 돌면 팽이가 따라 돌아. 모터가 멈출 때까지.
종환: 범위를 이탈하면?
두현: 자석이 커야 돼.
종환: 위를 자석으로 하면 안돼? 위를 자석으로 하고 아래를 구리로 해봐.
두현: 문제가 되는 게 있어. 팽이 N극이 회전해서 구리판에 N극이 유도
　　　되면 다시 밀려서 반대 방향으로 회전하게 돼.
종환: 구리를 돌리면 되잖아.
두현: 구리? 그러면 이게(팽이) 그냥 도는 거랑 똑같잖아. 모르겠어?
종환: 다시 그쪽으로 안 돌리고 반대 방향으로 힘을 줄 수도 있잖아.
현우: 그건 실험을 해 봐야 알아.

두현이가 최종 보고서에서 '맴돌이 전류 이용'이라는 제목으로 정리한 내
용은 다음과 같다.

동기: 참고자료로 책을 이용하다 보니까 맴돌이 전류에 관한 단원이 있
　　　어서 이 맴돌이 전류에 대한 생각도 해 보았다.
가설: 렌츠의 법칙에 의해 자석을 돌리면 구리판에 방해하는 힘이 생긴
　　　다.(즉 척력) 그러나 자석이 모터 등으로 계속 돌아간다면 구리
　　　원반이 돌아갈 것이다.
예상: 팽이가 구리판이고, 밑에서 자석을 돌려주는 모터가 계속 돈다는
　　　것만 보장이 된다면 충분히 가능할 것이라고 생각된다.

결과: 아직 실험은 하지 않아서 모르지만 팽이가 구리라는 점과 자석을
돌려주는 모터가 영원히 돌아간다고 가정할 때 팽이가 한참 도는
것 같다.

두현이의 현상 구현 활동과정을 표 3.2 및 그림 3.3의 기호 체계에 따라
활동도로 나타내면 다음과 같다(그림 3.5).

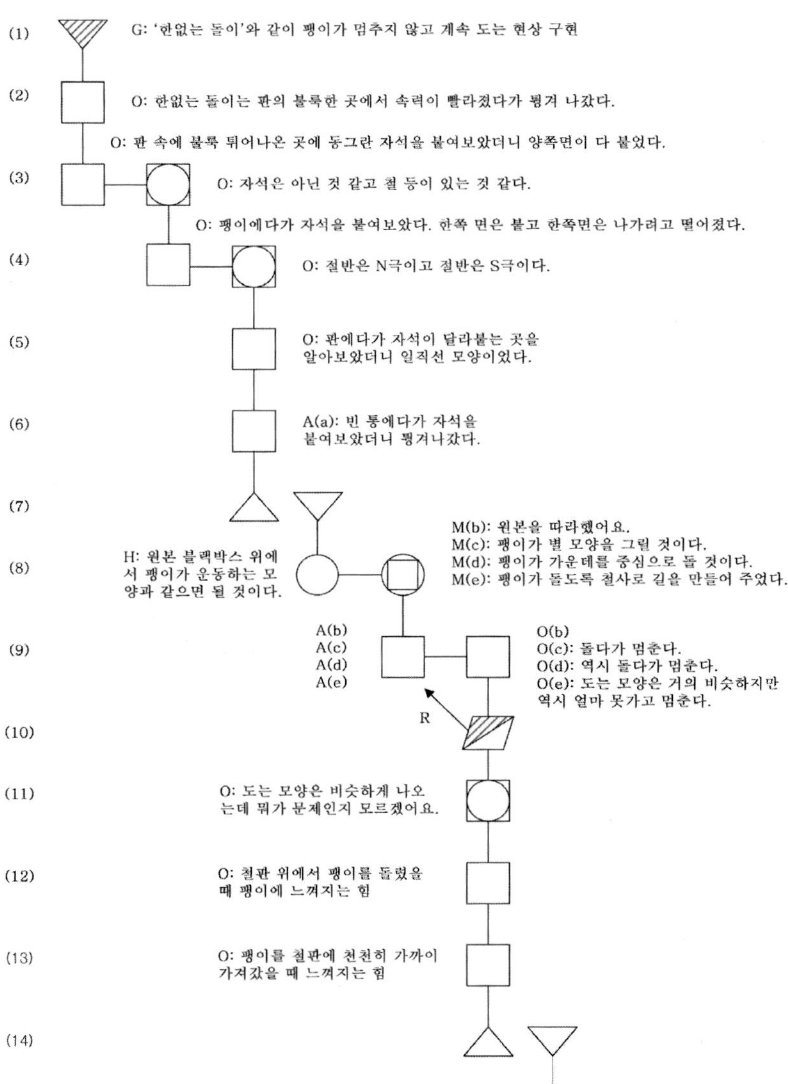

그림 3.5 두현이의 현상 구현 활동도

110

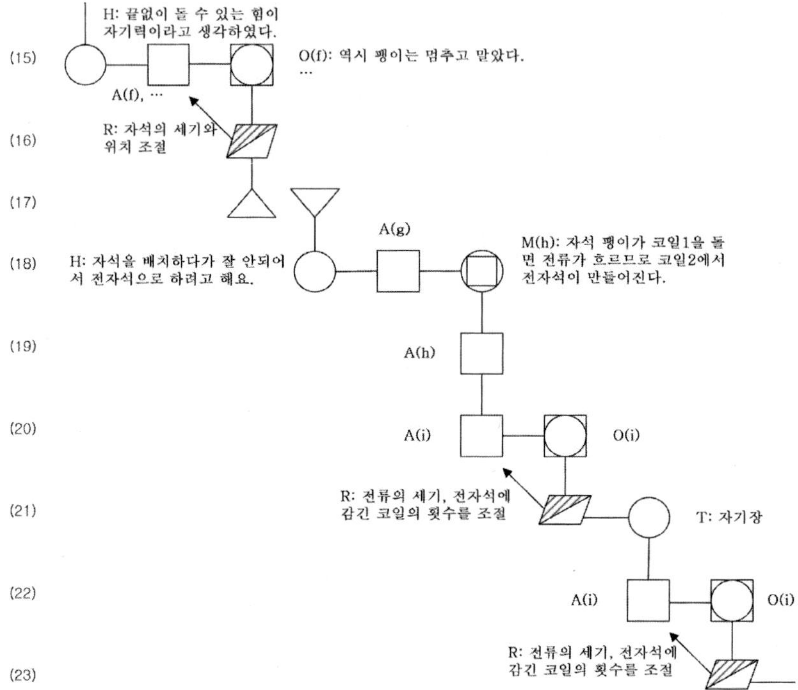

그림 3.5 두현이의 현상 구현 활동도(계속 1)

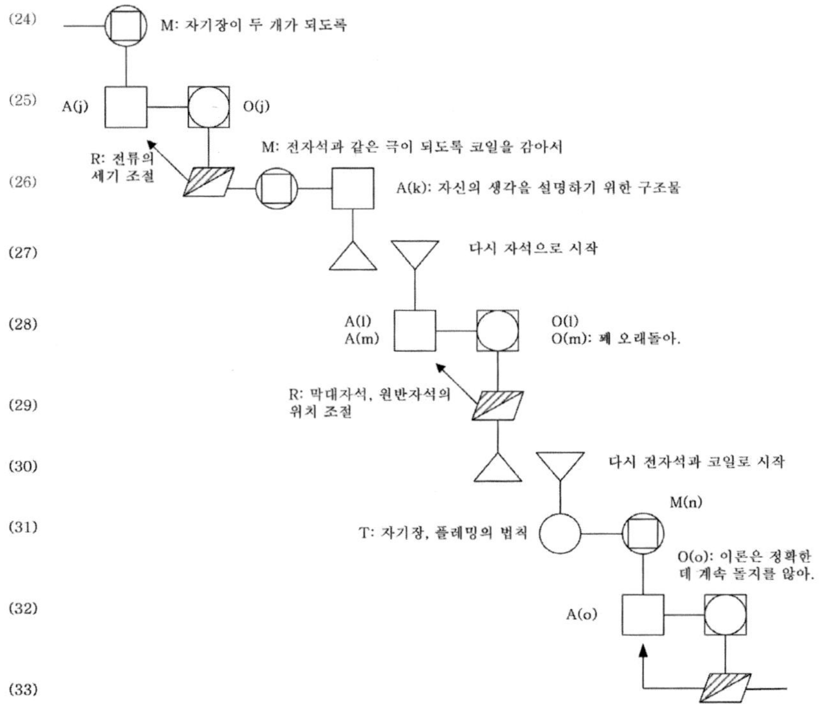

그림 3.5 두현이의 현상 구현 활동도(계속 2)

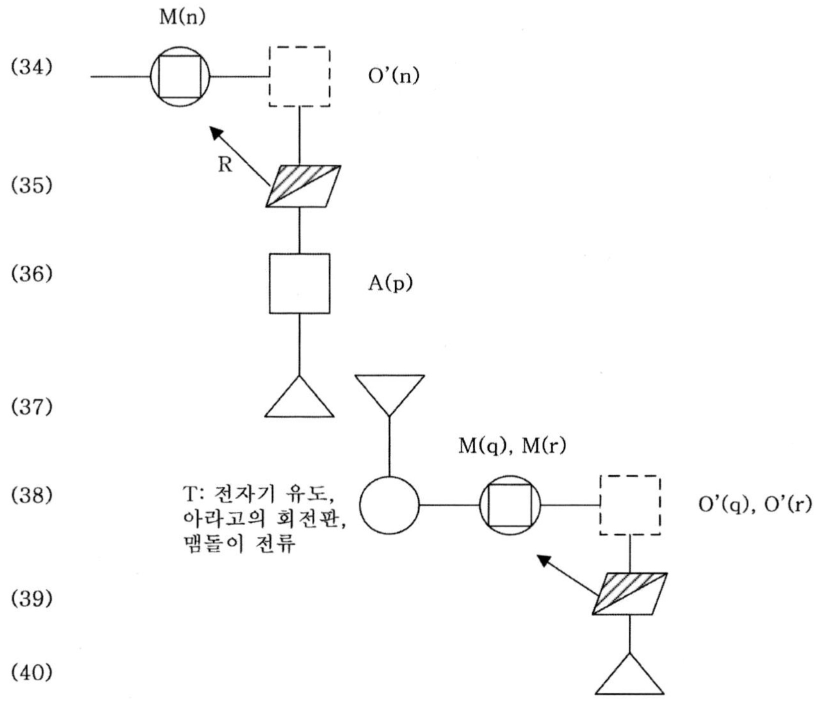

그림 3.5 두현이의 현상 구현 활동도(계속 3)

3.2.1.2. 종환이의 사례

종환이는 첫째 날 한없는 돌이를 관찰한 뒤 '처음에는 팽이가 판에서 이리저리 돌다가 어느 정도 시간이 흐르면 가운데 볼록 튀어나온 부분을 따라 계속 돈다'고 관찰하였다(그림 3.6(a)). 종환이는 자석을 이용하여 '팽이 아래에 자석이 달려 있고 팽이의 밑면이 한 가지 극이 아님'을 알아내었다 (그림 3.6(b)). 그리고 블랙박스의 가운데 부분과 블랙박스의 한 쪽 부분이 철로 되어 있다는 것을 알게 되었다.(그림 3.6(c))

블랙박스 안에도 자석이 있을까? 아무 자석이나 판에 올려놓으니 끌렸다. 하지만 뒤집거나 어떻게 해도 붙는 것으로 보아 안에 볼록 튀어 나

온 부분에는 철 등이 있는 것 같다.(실험일지)

　종환이는 다음날의 실험을 위해 교사에게 '압정 많이, 잘 휘는 철사 많이, 스카치테잎, 동그란자석 다섯 개 정도'를 요청하였다.
　두 번째 날 종환이는 원본 블랙박스 내부에 쇠로 된 물질이 있다고 여겨지는 곳에 똑같이 압정과 철사를 붙여 그림 3.6(d)와 같은 구조물을 만들었다. 이것이 실패하자 원본 블랙박스 위에서 팽이의 움직임을 다시 관찰하고(그림 3.6(e)), 그림 3.6(f)와 같이 철사와 압정을 이용한 구조물을 만들었다.

　운동을 다시 관찰해보니 이렇게 움직이기도 했다. 가운데 원에 비껴서 움직였다. 실패! (그림 3.6(f), 실험일지)

　철사와 압정을 이용한 구조물이 성공적이지 않자 종환이는 그림 3.6(g), 3.6(h)와 같이 자석을 이용하기 시작했다.

　자석을 테이프로 붙이는 중이에요. (압정, 철사로 했더니) 모양도 안 나오고 …… 왔다 갔다 하면서 돌지 않고 계속 있다가 쓰러졌어요. 이번에는 자석으로 해보려구요. (그림 3.6(g), 면담)

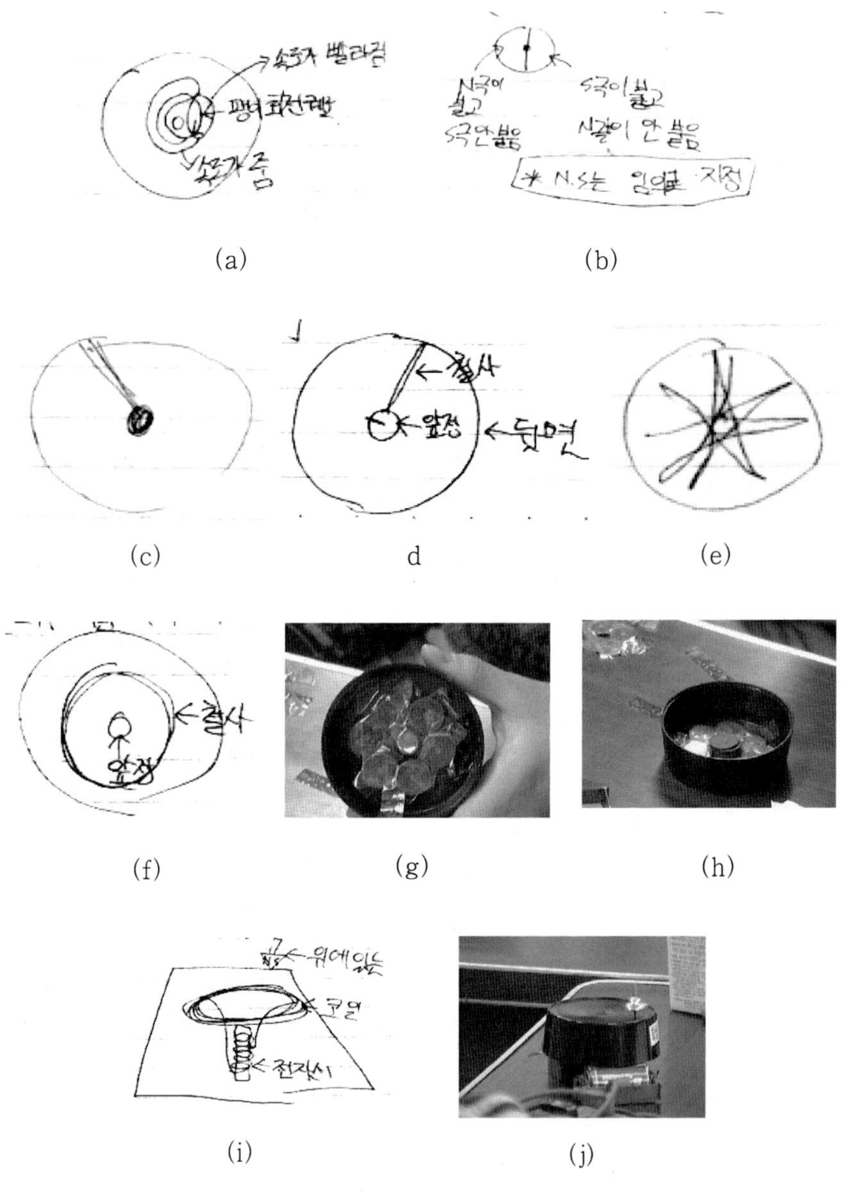

그림 3.6 종환이의 현상 구현 활동과정

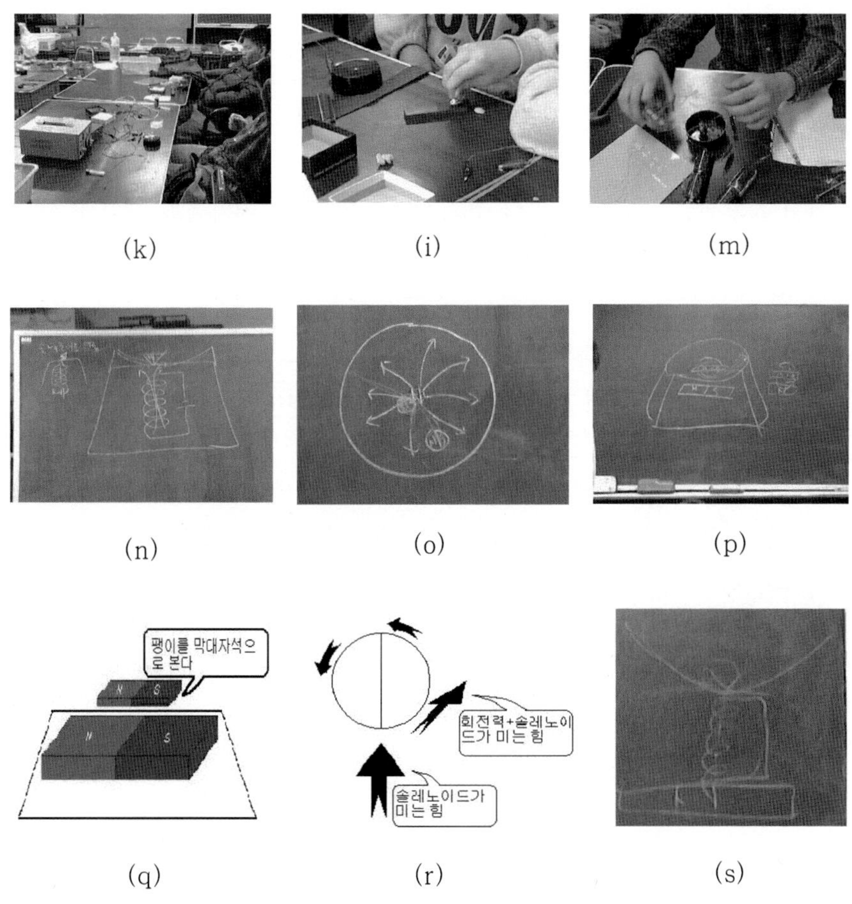

그림 3.6 종환이의 현상 구현 활동과정(계속)

(팽이가 가운데 붙어버리자 가운데 자석을 더 붙임) 세게 하면 더 빨리
획 지나갈 텐데 …… (그림 3.6(h), 대화)

종환이는 셋째 날에도 처음에는 자석을 이용한 구조물을 계속 시도하였
는데 블랙박스의 가운데 부분과 가장자리 부분에 붙일 자석의 세기를 체계
적으로 바꾸어가면서 시도하였다.

아침에 와서 세 가지를 해봤어요. 주위가 크게, 가운데가 크게, 다 크게. 큰 자석을 넣었더니 팽이가 너무 빨리 돌아서 주체를 못해요. 큰 자석은 안 될 것 같아요.

자석의 세기를 조절하는 것이 쉽지 않자 종환이는 전자석과 코일을 이용하여 구조물을 설계하기 시작하였다(그림 3.6(i)).

위에 있는 팽이가 돌면 코일에 전류가 흐르고 그러면 전자석이 작동해서 팽이를 당겨 중앙으로 오게 한다. (그림 3.6(i), 실험일지)

그리고 설계했던 구조물을 만들면서 전자석의 세기를 조절하는 데 시간을 보냈다. 특히 전자석에 감긴 코일의 횟수와 전류의 세기를 바꾸어가며 전자석의 세기를 조절하였다(그림 3.6(j), 그림 3.6(k)).

종환: 전자석이 세야 하니까 많이 감아야 해요. 촘촘히 감으면 더 세져요?
    (가운데 전자석을 테이프로 고정하고 팽이 돌림) 또 너무 세다.
연구자: 앞으로 뭘 할꺼지?
종환: 전자석 세기 조절하는 거요.
연구자: 해결할 수 있을 것 같아?
종환: 네.
종환: 어제 전자석으로 했는데 너무 세서 풀었더니 또 약해요.
연구자: 오늘 계획은?
종환: 전자석의 세기를 조절해서, 더 가는 걸로 조절해서, 전자석으로 해
    보려구요. 어제 너무 세서 달라붙었거든요.

종환이는 블랙박스의 중심 부분과 가장자리 부분에서 자석팽이에 작용하는 밀고 당기는 힘의 세기가 적당하게 조절되면 팽이가 계속해서 돌 수 있다고 생각하였다. 따라서 전자석을 이용한 조절이 실패로 끝나자 블랙박스의 가운데에 전자석을 두고 가장자리에는 코일을 두어 팽이를 밀어주게 하

려고 시도하였다(그림 3.6(i)).

테두리에도 코일을 넣었어요. 가운데만이 아니라 가장자리에도 자기장이 생겨요. 팽이가 가장자리 주변에 갔을 때 가운데로 밀어낼 수 있을 것 같아서요.

종환이는 다섯째 날에도 계속하여 코일과 전자석을 이용한 구조물을 만들어 팽이에 작용하는 힘의 세기를 조절하려고 했다.

종환: 애(두현)랑 똑같은 방법인 데요 코일이랑 전자석 감은 수를 맞추어 가지고 ……
연구자: 지난번에 해보지 않았어?
종환: 전류의 세기를 바꾸었는데요. 그래봤자 가운데 전자석과 주위 코일에 흐르는 전류가 똑같이 바뀌는 거니까요. 감은 횟수를 다르게 해서 세기를 맞출려구요.
연구자: 어떤 원리지?
종환: 가운데와 테두리가 다른 극이면 될 것 같은데요. (지난번에는) 그렇게 만들지 못했어요.

그러나 종환과 두현은 블랙박스 가운데의 전자석이 만드는 극과 코일이 만드는 극이 같은 극이어야 하는지 다른 극이어야 하는가에 대해 상반된 의견을 가지고 있었다. 이 사실을 알게 된 두 학생은 토론을 시작하였고 이 과정에서 자신의 생각을 설명하기 위해 막대자석과 원반자석을 도구로 사용하였다(그림 3.6(1)). 토론이 끝난 후에도 종환은 계속해서 전자석 및 코일의 극과 세기를 조절하는 데 대부분의 시간을 보냈다.(그림 3.6(m))

일곱 번째 날 종환이는 그림 3.6(n)과 같이 전자석으로 이루어진 구조물을 제안하고는 팽이가 한없이 돌게 되는 이유를 다음과 같이 설명하였다.

전기장이 생기구요, 팽이에서 반은 N극 반은 S극, 여기서 N극이 여기 닿았을 때요 옆으로 튕겨나갔다가 오목하게 되있으니까요 내려왔다가 다시 또 튕겨나갔다가 그렇게 되는 것 같아요.

직접 만들어 확인해보지는 않았지만 교사와 다른 학생들은 종환이의 제안과 같이 구조물을 만들면 어떤 일이 일어날지 함께 토론하였다. 종환이는 그림 3.6(o)를 그려 보충 설명을 하였다.

종환: 중심을 지나면서 같은 극이 될 때 밀려났다가 경사 때문에 밀려나요.
연구자: 팽이가 옆을 지날 때 항상 밀린다는 보장이 있어?
종환: 저도 모르겠어요.

종환이는 자신의 생각을 다시 정리하여 그림 3.6(p)와 같이 블랙박스 안에서 자석이 회전해야 한다고 주장하였다.

종환: 여기서요 아래하구 같은 극이 되면요, 이건 이리가려구하고(N극은 S극 쪽으로) 이건 이리 가려구(S극은 N극 쪽으로) 하면서요, 계속 빙빙 돌아요.
두현: 붙어버리잖아.
종환: 그러니까 붙지 않으려고 이 바깥으로 나가는 거 아냐.
교사: N, S가 계속 바뀌어야 돼, 안 바뀌어야 돼?
현우: 한극만 있으면 붙어버렸잖아.
종환: 그래야 돌 것 같은데 아니면 저거(팽이)랑 똑같이 움직이든지 그 속도로 아래도 돌면 그러려면 살살 돌리든 세게 돌리든 같아야 할 텐데 조금만 늦게 돌리면 안 되니까 다르니까 언젠가는 붙어버릴꺼에요.
교사: 저 밑에 N, S가 똑같이 돌면 자석이 계속 돌아, 안돌아?
종환: 돌아요.
교사: 설명해봐·

종환: 아주 회전 속도가 빠르면 안 붙을 것 같아요. 아래 거는 가만히 있고 위에거가 엄청 빠르면요. 다른 극일 때도 돌려는 힘이 세니까 붙을려다가 다시 돌면 저런 모양이 나오잖아요. 그러니까 또 돌고 …… 옆으로 도는 힘이 더 세면 구심력이 생겨서 원운동 하면 가운데 중심이 바깥으로 나가려고 하고 이 힘이 아래서 당기는 힘보다 세면 밖으로 나갈 수 있지 않을까?

종환이는 최종 보고서에 '막대자석 이용'이라는 제목으로 다음과 같이 정리하였다.

동기: 그림 3.6(q)와 같은 상황에서 막대자석 위에서 손으로 자석팽이 잡고 돌려보니 한 지점에서 빠른 속도로 돈다는 것을 알았다.

가설: 팽이의 자석의 극과 블랙박스 내의 자석의 극이 같게 된 상태에서 팽이의 회전력을 얻을 수 있을 것이다.

예상: 막대자석의 극과 팽이의 극이 같아지면 서로 밀게 되고 막대자석과 팽이가 서로 붙으려고 하게 된다. 그러려면 팽이가 반 바퀴를 돌아야 하고 그때 생기는 힘으로 돌릴 수 있다고 생각했다. 그러나 가운데에서 팽이의 자석과 블랙박스의 자석이 붙게 될 수도 있었지만 서로 같은 극일 때 생기는 회전력이 크므로 서로 붙지 않고 블랙박스의 가장자리로 밀려나게 되어 괜찮을 것이라고 생각했다.

결과: 30초 정도는 원본 블랙박스와 같은 궤도로 돌았지만 그 후 한곳에서 멈추어 돌다가 멈추고 말았다.

실패한 이유: 정확히 밝힐 수는 없었지만 처음 30초간은 가설과 같은 형태로 힘을 받아서 계속 돌 수 있었지만 그 뒤로는 회전력이 줄자 가운데에서 팽이의 자석과 블랙박스의 자석이 붙으려는 힘보다 밖으로 밀리는 힘이 줄어들어서 밖으로 밀리지 못하여 궤도를 잃어서 그 자리에서 계속 돌다가 멈추는 것 같다.

종환이가 그 다음에 제안했던 구조물은 '전자기 유도' 개념을 도입한 것이었다. 두현이가 '아라고의 회전판'에서 생기는 맴돌이 전류를 이용하면 팽이를 한없이 돌게 할 수 있다고 주장하자 학생들은 교사에게 '아라고의 회전판'이 멈추지 않고 계속 도는 이유가 무엇인지 설명해달라고 요청했다. 종환이는 이때 등장한 '전자기 유도' 개념을 이용하여 그림 3.6(s)와 같이 솔레노이드와 막대자석을 구조물을 제안하였다.

아래에다 막대자석을 가운데 붙여두면요. 이렇게 하면 전류가 흐를 거 아니에요. 팽이가 내려오면 이거 때문에 한 바퀴 돌구요. 얘(코일)가 밀어내니까 붙지 않고 나가는 거 아니에요?

종환이는 최종 보고서에서 '솔레노이드 코일 이용'이라는 제목으로 이 내용을 정리하였다. 그림 3.6(r)은 그 원리를 설명하기 위해 그린 것이다.

동기: 솔레노이드에 대해서 공부하고 솔레노이드는 가까이 다가오는 것(N극이나 S극)을 밀어내려고 한다는 것을 알게 되었다.
가설: 솔레노이드가 미는 힘만으로도 팽이를 계속 돌릴 수 있을 것이다.
예상: 지금 팽이는 그림과 같이 한 방향으로 회전하고 있다. 그러므로 솔레노이드가 팽이를 굳이 회전력을 가하면서 돌리지 않아도 그림과 같이 회전할 수 있을 것이라고 예상하였다.
결과: 실험은 해보지 못했다.

종환이의 현상 구현 활동과정을 표 3.2 및 그림 3.3의 기호 체계에 따라 활동도로 나타내면 다음과 같다(그림 3.7).

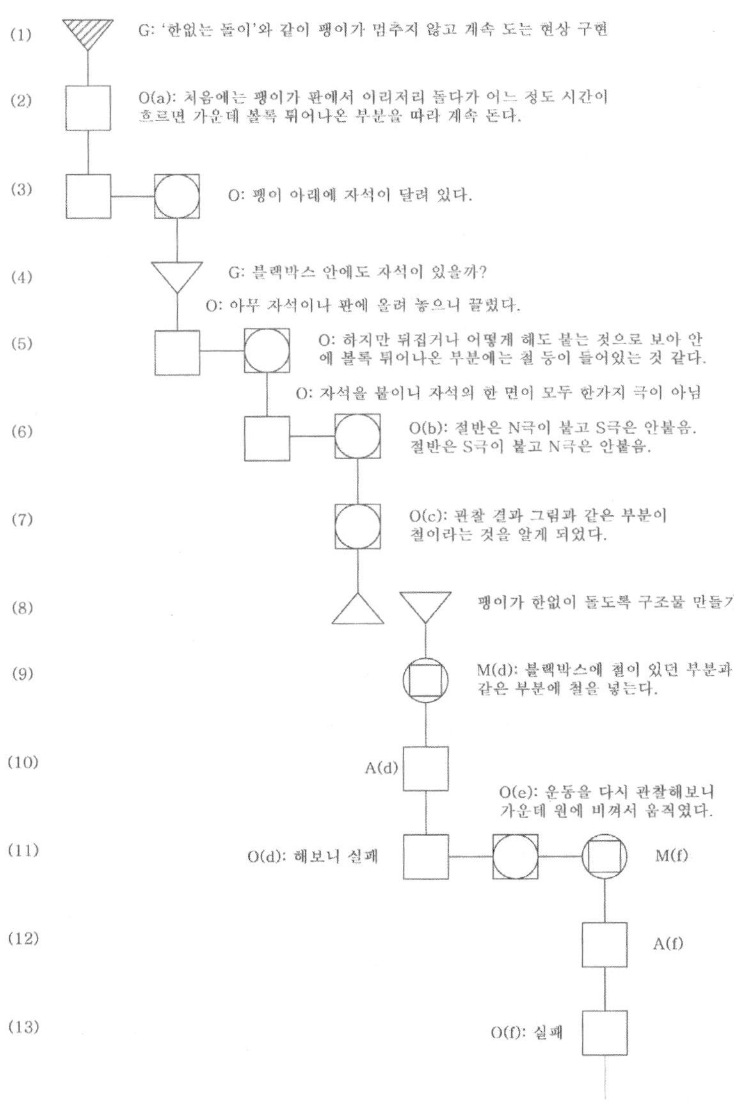

그림 3.7 종환이의 현상 구현 활동도

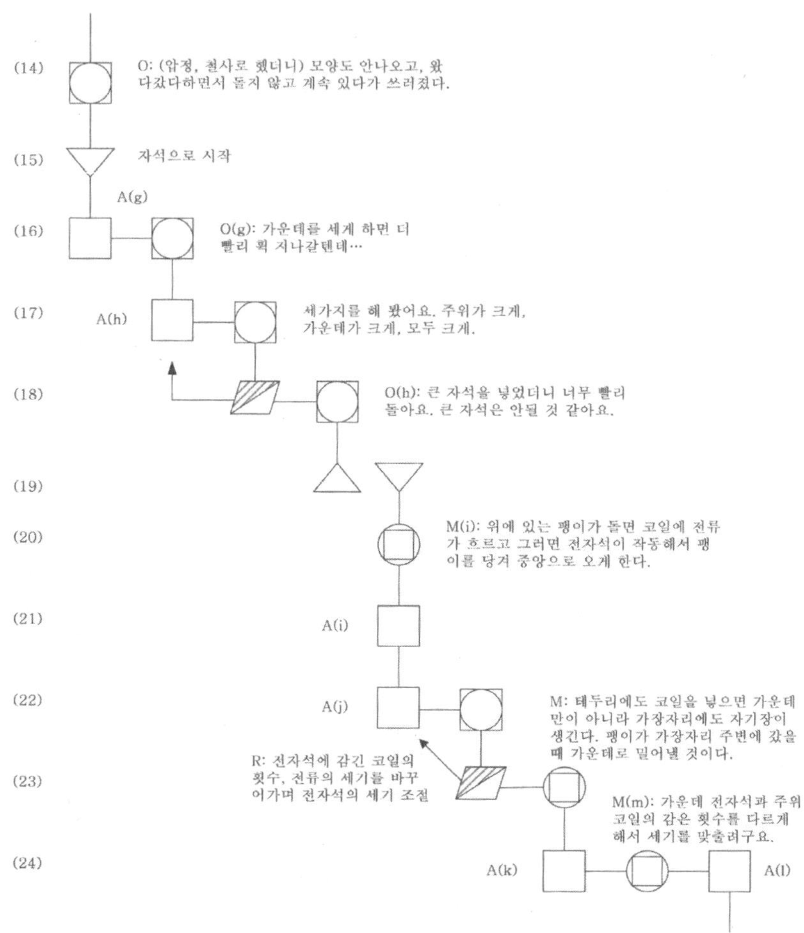

그림 3.7 종환이의 현상 구현 활동도(계속 1)

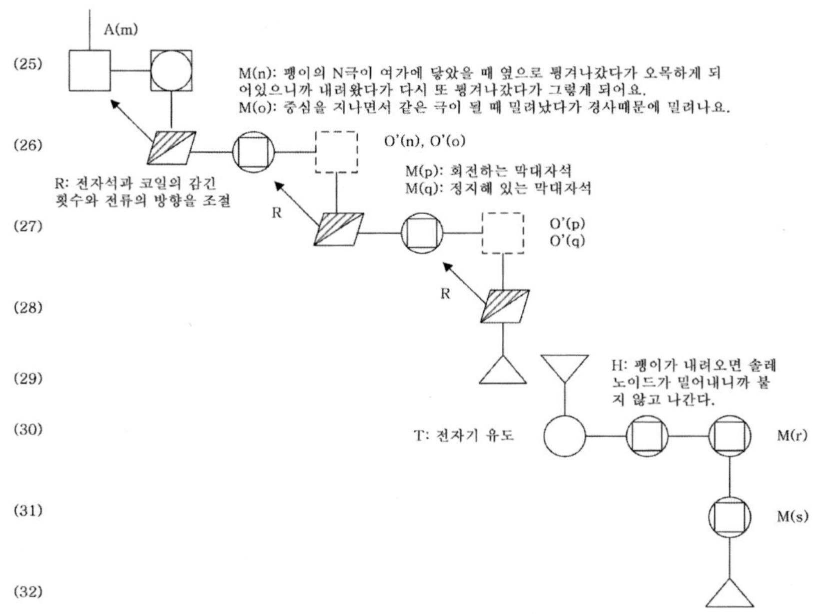

그림 3.7 종환이의 현상 구현 활동도(계속 2)

3.2.1.3. 민영이의 사례

첫째 날 민영이는 '한없는 돌이'를 관찰하면서 자신이 알고 있는 물리 이
론으로 설명을 시도하였다.

우선 저 팽이가 영구기관이 아니라면 마찰력＋공기저항＋구심력(팽이가
원운동을 하는 것도 관찰됨)＋방향을 바꾸는 데 드는 힘(관성의 법칙)＝!
정확히는 잘 모르겠지만 팽이가 안쪽으로 쏠리는 힘 ……
(1) 팽이의 안쪽이 들어가서(지구의 중력)
(2) 원거리력(내가 아는 한도 내에서는 중력과 전자기력뿐 그러나 블랙
박스의 질량이 그렇게 크지 않은 점으로 미루어 아마 전자기력으로 짐
작됨)(온라인 게시판)

또한 블랙박스를 관찰한 뒤 다음과 같이 분석을 하였다.

전자기력이라는 또 다른 증거!!! 팽이를 뒤집어 돌리면 언젠가는 쓰러진다. 그렇다면 블랙박스 안에 자석이 있는 걸까? 아니면 쇠가 있는 걸까?(그런데 …… 지구가 태양 주위를 도는 것은 영구기관인가요? 아니라면 만유인력이 계속 작용하는 것 같은데 지구상에서 그런 기관은 불가능한가요? 물론 중력 대신 전자기력)
자석을 갔다 대면 이 볼록 튀어나온 부분에만 붙는 것으로 보아 이 볼록한 부분에서 팽이에 힘을 실어 준다고 할 수 있다!!!
그렇다면 왜 하필 볼록할까 아마 팽이가 내려가면서 추진력을 얻는 것이 아닐까? 그리고 볼록한 부분까지 다가오기 쉽도록 실제로는 볼록한 부분 주위가 약간 들어가 있다. (온라인 게시판)

민영이는 '만약 자석이 있다면? 자석의 한 극만이 표면을 향하고 있을까? 아니면 두 극이 모두 영향을 끼칠까?'라고 스스로 질문하면서 그림 3.8(a)와 같은 구조물을 고안하였다.

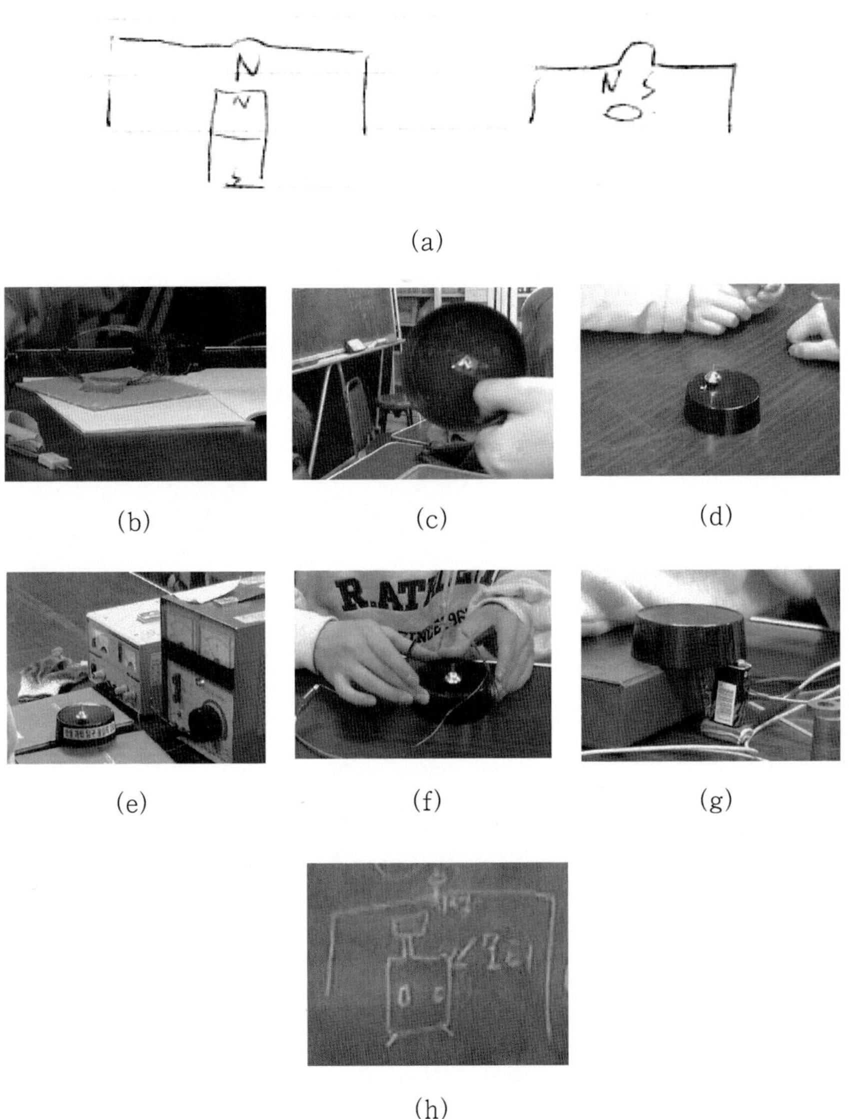

(a)

(b)   (c)   (d)

(e)   (f)   (g)

(h)

그림 3.8 민영이의 현상 구현 활동과정

그러나 둘째 날이 되자 이 구조물들을 만들기보다는 그림 3.8(b)와 같은 기구를 만들어 블랙박스 안에 자석이 들어 있는지 확인하려고 했다.

자석을 코일 안에 넣다 뺐다 하면 전류가 흐르잖아요, 블랙박스 안에 자석이 있는지 알기 위해 코일을 감고 있는 중이에요.

민영이는 회로 검사기로 전류를 측정하였지만 전류는 흐르지 않았고 따라서 블랙박스 내부에 자석이 들어있지 않은 것 같다고 결론을 내렸다. 그렇지만 자석이 들어 있을 가능성을 계속 고려하였고 그림 3.8(c)와 같이 네오디뮴 자석을 이용한 구조물을 만들었다.

아까 했던 실험에서 전류계에 반응이 없었거든요, 이 안에는 자석이 없을 수도 있지만 아직까지는 자기력이라고 믿어요. 그래서 자석에 끌리는 철이나 다른 걸로 해보는 중이에요.

셋째 날 아침에도 민영이는 자석이 들어 있을 가능성에 계속 주목하였다.

민영: 코일 안에 자석을 넣었다 뺐다 할 때요, 전기가 안 생기고 자석이 존재할 수 있어요?
교사: 글쎄 ……
민영: 철이 자석을 밀수는 없는 거잖아요.

오늘 아침에 작은 네오디뮴 자석을 각지게 만들어 블랙박스 위에 올려놓으면 팽이 밑의 자석과 반응해서 원본과 비슷하게 운동하는 것을 알아냈어요. 집에 가서 생각해보니 영구기관이 아닐 것 같고 에너지원이 있을 것 같아요. 코일 같은 걸 이용해서 만들 예정이에요. 정 가운데에 주도하는 기관을 놓아두고 그 외 여러 부속 기관을 주위에 놓을 꺼에요.(그림 3.8(d) 참조)

민영이는 전자석에 교류를 연결하면 전자석의 극이 계속 바뀐다는 점에 주목 하였다. 그림 3.8(e)와 같이 전자석을 만들어 교류전원장치에 연결한 뒤 전압의 세기를 조절하면서 팽이의 움직임을 관찰하였다. 이때 어느 순간 팽이가 꽤 오랫동안 돌았고 이 순간 다음과 같이 소리를 질렀다.

됐다! 전압 조절만 하면 될 것 같아.

셋째 날에는 그 순간을 다시 찾기 위해 전압을 조절하여 전류의 세기를 조절 하는 데 많은 시간을 보냈다. 또한 넷째 날에는 회로에 저항을 연결하여 전류의 세기를 조절하였다. 그러나 결국 팽이가 오래 돌았던 순간을 다시 찾는 데 실패하였다.

넷째 날 민영이는 전동기나 발전기의 원리를 떠올리면서 비슷한 원리를 이용한 구조물을 만들려고 시도하였다(그림 3.8(f) 참조).

민영: 전류를 흘려주는 자기장 안에서 자석을 놓으면 자석이 돌잖아요. 그래서 자기장을 만들기 위해 코일을 감고 있어요. 그 안에 자석을 두면 자석이 돌아가잖아요. 어떻게 보면 발전기에서 전기를 만드는 게 아니라 전기를 흘려주어서 터빈을 돌리는 거에요.

연구자: 모터와 비슷한 거야?

민영: 모터는 가운데 전자석이 있고 옆에 자석이 있잖아요. 이건 반대로 가운데 자석이 있고 옆에 전자석이 있어요. 근데 저기(블랙박스)는 튀어나온 게 없는데 자석이 돌려면 강력한 자기장이 생기든지 아니면 다른 뭔가가 있겠죠.

연구자: 어제 해보면서 얻은 힌트는?

민영: 안에 전원 공급장치가 있을 확률이 높다는 거. 자석이려면, 저 상태에서 밀고 당기는 힘이 계속 작용해야 하는데 자석은 계속 극을 왔다 갔다 바꾸기가 힘들잖아요. 전자석으로 바꾸면 전류의 방향만 바꾸면 되니까 더 수월할 것 같아요.∝들여⌐끝

그러나 이 구조물로도 성공하지 못했고 민영이는 다시 그림 3.8(g)와 같이 9V 전지를 연결한 전자석으로 구조물을 만들었다.

팽이 외부에서 에너지가 공급된다면 팽이가 자석이기 때문에 전자기일 확률이 제일 높거든요. 그래서 아까 말한 원리로 ……

다섯째 날에는 전자석에 모터를 연결하여 전자석의 극을 계속 바꾸어 준다는 생각을 그림 3.8(h)와 같이 제안하였다.

자석 사이에 전자석을 놓고 계속 (+), (−)극을 바꾸어주면 돌잖아요. 그처럼 자석을 안에 넣고 바깥에 코일을 하면 플레밍의 왼손 법칙에 따라서 ……

모터를 분해해보면 자석이 둘러싸고 있고 그 안에 코일에 감싸있는 모터심이 있습니다. 그렇다면 ……
반대로 코일 안에 자석을 넣으면? 역시 자석도 돕니다. 역시 …… 자석이 팽이라면? 여기서 단지 문제는 자기장이 어떻게 팽이에 영향을 끼칠까??? 그렇게 강한자기장이 발생하는 것 같지는 않는데 …… 아니면 전자석의 극이 계속변하면??? 아직 실험이 안됐지만 …… 충분히 가능하지 않을까요? (온라인 게시판)

모터 위의 뾰족한 부분을 자르고 블랙박스에 붙여 전자석을 회전시킨다.

그러나 실제로 3.8(h)를 만들지는 않았다. 이후 민영이는 몸이 아파 토론에 참가하지 못했고 그 대신 실험일지를 정리하여 온라인 게시판에 올렸다. 여기서 민영이는 전자석에 전류를 흘려주거나 차단하는 센서가 필요하다고 제안하였다.

그동안 정말 많은 가설을 세우고 많은 실험도 했다. 자석, 전자석, 코일, 쇠 등을 여러 모양으로 배치도 해보고 전압과 전류의 세기를 조정도 해보고 이런 여러 가지 실험을 해 봤지만 만족할 만한 결과를 얻지는 못했다. 오히려 아무 장치를 하지 않고 돌린 것보다 지속 시간이 짧았다. 그래서 많은 생각을 해보았는데 아마 안에는 회로가 있어서(센서도) 우리가 똑같이(물론 그게 목적은 아니었지만) 만들지는 못했다는 결론을 내렸다. 아무런 장치가 없어도 가운데가 움푹 들어가 있기 때문에 그쪽으로 쏠리게 된다. 그 부분에 센서를 놓으면(특별히 센서랄 것도 없을 것이다. 코일만 놓아도 팽이가 자석이기 때문에 전류가 생길 테니까 ……) 그리고, 팽이가 일정한 속도만 유지한다면 자석을 갖다대면 튕긴다. 다시 말하면 센서로 전류를 끊어서 쇠가 되면 팽이가 끌리고 전류를 줘서 전자석이 되면 팽이는 튕긴다. 그럼 다시 안쪽으로 들어가고 …… 이런 행동을 반복하게 되면 한없는(적어도 전기공급이 되는 한도 내에서) 돌이가 되지 않을까? 다시 요약하면 한없이 돌기 위해서는 당겼다 밀었다 하는 힘이 필요하다!!!! (온라인 게시판)

민영이의 현상 구현 활동과정을 표 3.2 및 그림 3.3의 기호 체계에 따라 활동도로 나타내면 다음과 같다(그림 3.9).

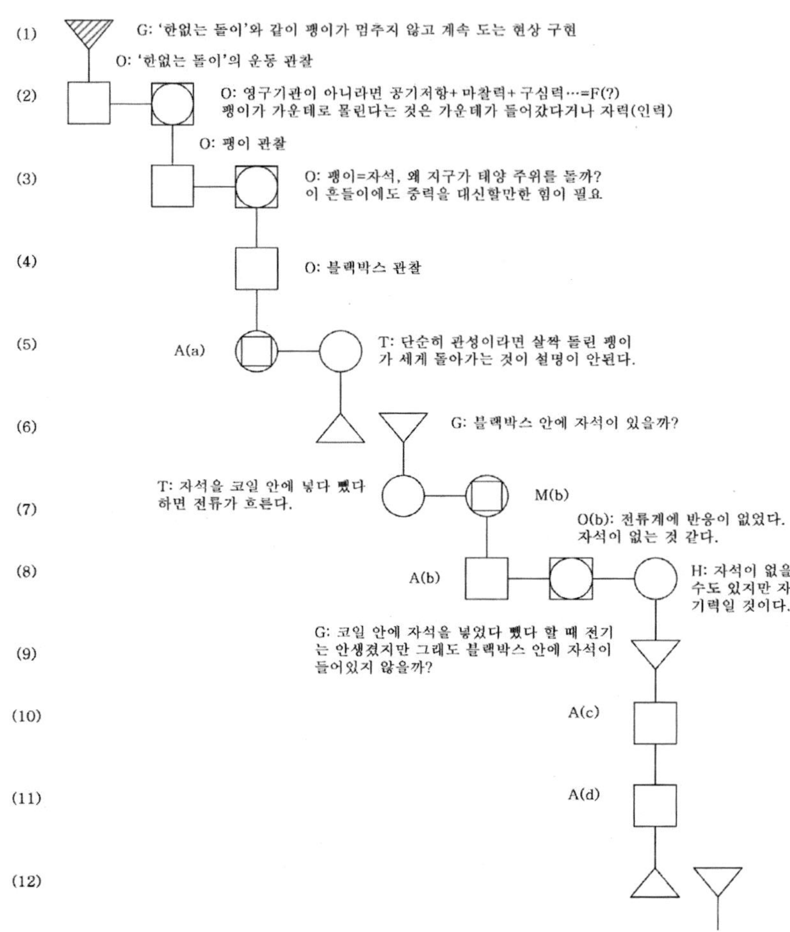

그림 3.9 민영이의 현상 구현 활동도

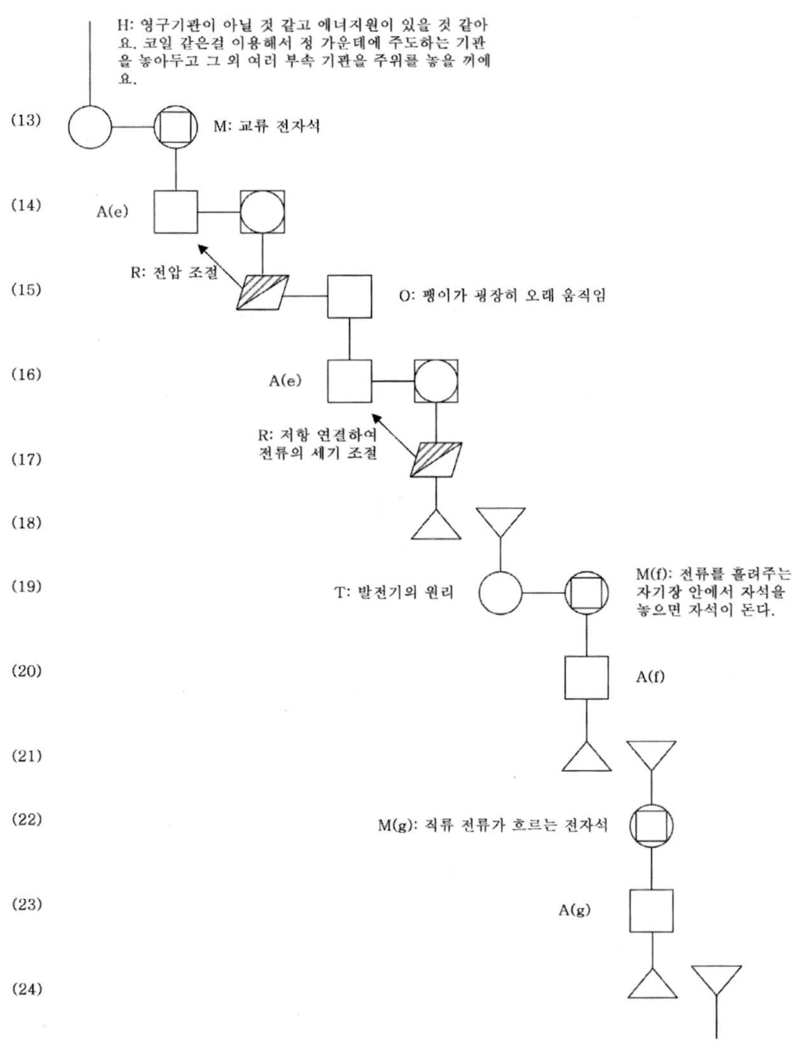

그림 3.9 민영이의 현상 구현 활동도(계속 1)

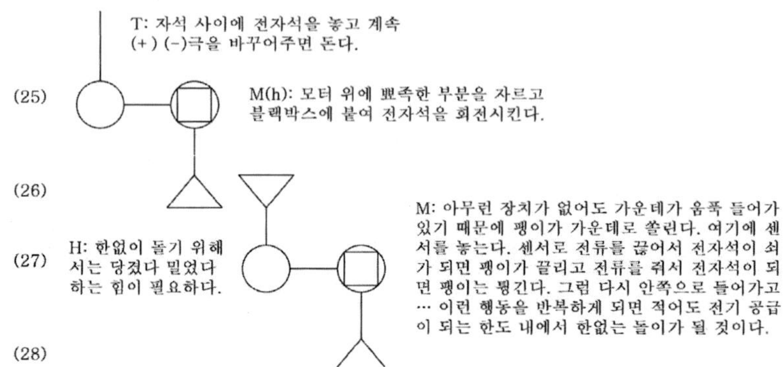

그림 3.9 민영이의 현상 구현 활동도(계속 2)

3.2.1.4. 현우의 사례

첫째 날 현우는 '한없는 돌이'를 관찰하고 실험일지에 다음과 같이 기록하였다.

> 아무 생각 없이 돌려봄. 계속 돈다.
> 이상한 생각이 들어 팽이를 책상 다리에 붙여 보았다. 잘 붙는다.
> 세게 돌려보았다. 이 모양의 선처럼(그림 3.10(a))팽이가 돌아가는 것을 보았다.
> 살짝 돌려보았다. (돌 수 있을 정도로만) 처음에는 불안하다가 가운데 부분을 통과하며 안정감을 되찾았다.

그리고는 자석 팽이가 멈추지 않고 도는 현상을 팽이가 받는 힘으로 설명하려고 시도하였다.

> 이 앞의 현상을 본 결과 난 이런 생각을 해 봤다. 원판을 돌던 팽이는 (무엇인지 모르지만) 어떤 것에 받는 힘에 의해서 가운데로 끌려간다. 하지만 가운데 볼록한 부분을 올라가기엔 힘이 모자라기에 볼록한 부분

을 돌게 될 것이다. 이 볼록한 부분을 돌면서 팽이가 그곳을(볼록한) 돌게 되는 힘과 그 가운데 무언가 끌어당기는 힘이 합쳐져 돌기 때문에 빠르게 도는 것은 그 속도가 유지가 되고, 느리게 도는 것은 그 속도가 빨라지면서 안정감을 찾는 것 같다. (실험일지)

그러나 둘째 날에는 구조물을 어떻게 만들지 생각하면서 민영이와 함께 실험하였다. 블랙박스 안에 자석이 들어 있는지 알기 위해 그림 3.10(c)와 같은 기구를 만들었다. 이 실험에서 블랙박스를 코일에 통과시켰을 때 전류가 흐르지 않자 현우는 실험일지에 다음과 같이 결론을 내렸다.

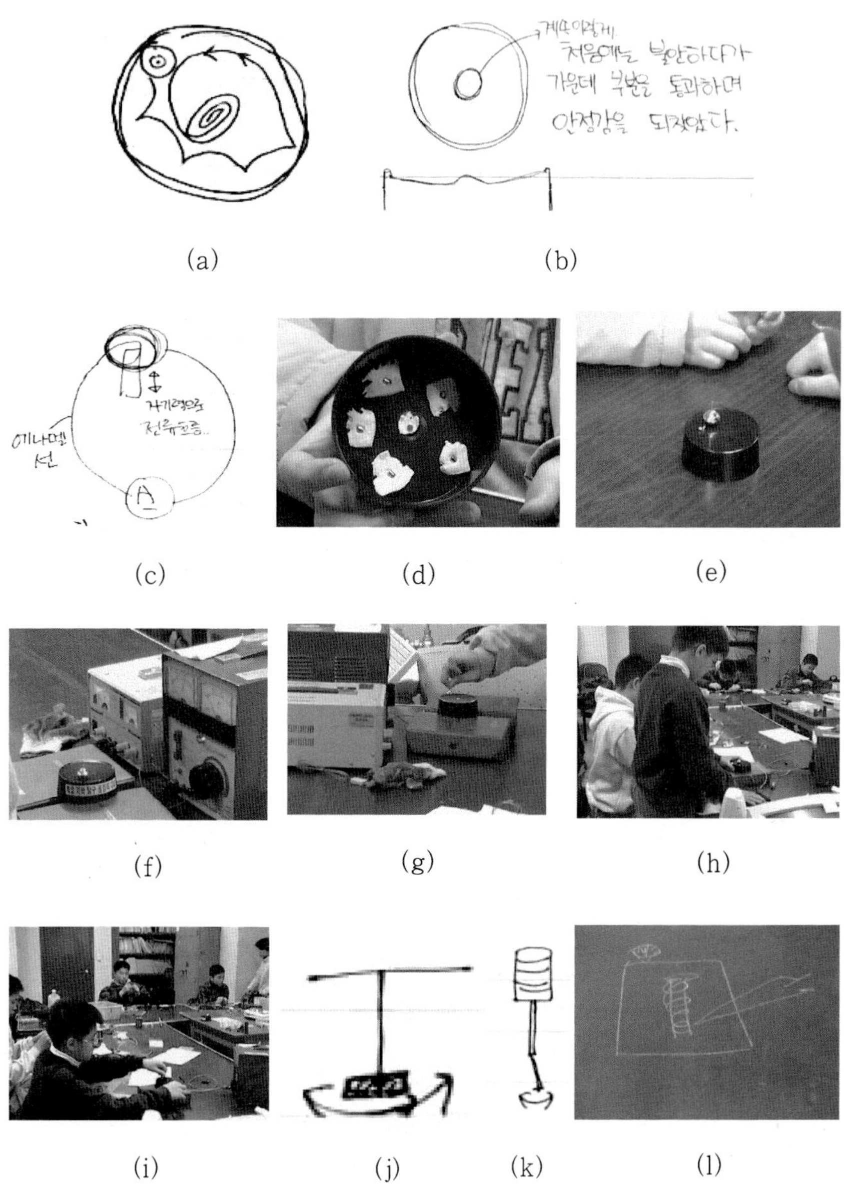

그림 3.10 현우의 현상 구현 활동과정

블랙박스 내에 자석이 들었는지 알기 위해서 블랙박스를 통과시켜 보았다. 하지만 반응이 없어서 블랙박스 내에는 자석이 없다는 결론이 나왔다. 하지만 블랙박스 내에는 자석을 끌어당기는 무엇인가 있다고 생각된다.

자석이 없을 것 같아요. 아까 실험 결과 때문에. 팽이가 자석이니까 자석을 끌어당기는 무언가가 블랙박스 속에 있을 것 같아요. 자석은 아닌 것 같고. (면담)

이후에 현우는 그림 3.10(d)와 같이 네오디뮴 자석을 이용하여 원본 블랙박스 위에서 팽이의 운동을 모방하는 구조물을 만들었다. 또한 그림 3.10(e)와 같이 기역자(ㄱ) 모양으로 이어붙인 네오디뮴 자석 옆에 자석 팽이를 돌리면 서로 밀면서 붙지 않는다는 것을 관찰하였다. 둘째 날 했던 활동을 정리하면서 현우는 팽이가 한없이 돌기 위한 조건을 다음과 같이 정리하였다.

가운데 볼록한 부분에서 천천히 끌어당기고 거기서 벗어날 때에는 확 밀어내는 것이에요. (면담)

셋째 날 현우는 민영이와 함께 전자석을 만들어 교류전원장치에 연결한 뒤 팽이의 운동을 관찰하였다(그림 3.10(f)). 교류전원장치의 전압을 바꾸어가면서 팽이를 돌려보던 중 현우는 '교류 1V 근처에서 아주 한참 도는 것을 보았다(실험일지)'. 넷째 날에는 그 순간을 다시 찾기 위해 저항을 연결해가며 전류의 세기를 조절하였다 ……

삼각형 모양으로 도는데 처음에는 크게 돌다가 점점 삼각형이 작아져서 한 점에 머물러 있다가 쓰러져.

그리고 전자석을 직류전원장치나 건전지에 연결하기도 하고(그림 3.10(g)), 블랙박스 위에 코일을 둘러싸보기도 하였다(그림 3.10(h)). 여러 가지 시도에도 불구하고 팽이가 돌다가 멈추어버리자, 현우는 전자석이 들어있는 블랙박스 위에 원반자석을 가까이하며 힘이 어떻게 작용하는지 느껴보았다(그림 3.10(i)).

(나침반으로 원반 자석의 극을 확인한 뒤 원반자석을 전자석이 있는 블랙박스에 대봄) N극은 밖으로 밀어내고 S극은 안으로 잡아당겨 (그 힘에 따라 자석을 뒤집어 가며 고민) (그림 3.10(i)), 관찰, 면담)

다섯째 날 현우는 자신이 열심히 생각했음에도 불구하고 어떻게 해야 할지 모르겠다며 가만히 혼자서 생각하거나 자석을 조작하였다(그림 3.10(j)와 3.10(k)).

(쇠끝에 자석을 붙여 이리저리 흔들면서) 돈다! 팽이도 이렇게 하면 돌지 않을까? (관찰)

여섯째 날 현우는 그동안 시도했던 구조물을 떠올리고 칠판에 그림을 그려가면서 왜 그렇게 생각했고 왜 잘 안되었는지 반성하였다. 일곱 번째 날에는 그림 3.10(1)과 같은 구조물을 제안하였다.

현우: (전자석이) 극이 일정하잖아요, 팽이하고 같은 극일 때는 밀어내구요, 팽이하고 다른 극일 때는 끌어당겨요. 근데 계속 안돌아요.
교사: 왜?
현우: 잘 모르겠어요.

현우는 계속해서 밀어당기는 힘과 끌어당기는 힘으로 팽이의 운동을 설명하려고 했고, 자신이 만들었던 구조물에 대해 반성하면서 이것을 전자석의 극 변화와 연관지었다.

현우: 자석도 해보고, 전자석도 해보고, 코일로 넣어보고. 처음에는 자석

을 그냥 밑에다가 붙였거든요. 그런데 자석이 너무 세서 붙어버려요. 그래서 자석을 밑에 놓고 못을 붙이고 고무찰흙으로 자력을 막은 다음에요, 했는데 그래도 붙어요. 그래서 전자석으로 전류를 최대한 약하게 해서 했는데두요, 붙구요, 나중에는 그냥 압정두 넣었던 것 같아요. 그래서 했는데 그런 것도 별루 효과가 없었어요.

교사: 왜 효과가 없었던 것 같아?

현우: 팽이에 작용하는 힘이 적당하지 않아서. 자석을 이용했을 때는 팽이를 끌어당기는 힘이 너무 세구요. 압정을 했을 때는 거의 효과가 없어요.

교사: 끌어당기는 힘만 적당하면 계속 돌 수 있어?

현우: 자석이 끌어당기거나 팽이를 밀어내는 힘이 적당하면.

교사: 아까 팽이가 어떻게 되어야 돈다 그랬어?

현우: 먼저, 원본하고 궤도가 비슷해야 될 것 같아요.

교사: 팽이가 돌려면 어떤 힘이 필요하다 그랬어?

현우: 팽이를 밀거나 잡아당기는 적당한 힘.

교사: 적당하기만 하면 돼?

현우: 네, 그런 것 같아요.

교사: 압정을 넣은 거는 왜 안 된 것 같아?

현우: 팽이에 미치는 영향이 너무 적어서

교사: 어떤 영향?

현우: 팽이가요. 압정이 팽이에 붙잖아요. 그걸로 힘이 뭔가 작용해야 하는데 그게 너무 약한 것 같아요.

교사: 약해서 안 되는 거야?

현우: 어? 압정이 왜 안 되지?

종환: 압정으로 하면 이런 힘을 못 받잖아요. 압정에는 N이든 S든 붙기만 하잖아요. 그러니까 붙어버리고 말죠.

교사: 자석을 넣은 경우는?

종환: 다른 극이 될 때 밀어낼 수 있으니까요.

교사: 자석을 그냥 밑에다 잘 두면?

종환: 모양은 잘 나왔어요.

교사: 계속 돌아?

종환: 아뇨. 어느 정도 잘 돌다가요. 그러다가 멈춰 버렸어요.

교사: 그건 왜 그래?

종환: 자력의 크기가 잘 …… 맞출 수 있으면 잘 맞출 수 있을 것 같은데. 기다란 막대자석 아래다가 깔아두고 했는데 그때 되게 잘 됐어요.

현우: ……

교사: 제일 마지막으로 해본 게 뭐야?

현우: 전자석 사용한 게 제일 마지막이었어요. 전자석에 전류의 세기를 바꾸어가면서 팽이가 도는 데 일어나는 변화를 살폈는데요. 약하게 해도 붙구요. 전류의 세기를 세게 하면 돌리자마자 붙었어요. 그래서 안 되었어요.

교사: 왜?

현우: 전류의 세기가 적절치 못해서 그런 것 같은데요.

교사: 전자석이 왜 안 된 것 같애?

두현: 전자석으로 해도 자석하구 똑같잖아요.

교사: 어떻게 생각해?

종환: 그런 것 같애요. N, S 둘 중의 하나만 대 놓은 거랑 똑같잖아요.

교사: 전류의 세기만 조절했니?

현우: 교류, 교류로 한 이유는요. 민영이가 교류를 흘리면요 전자석의 극이 바뀐다고 그래서요. 그래서 했었는데요. 하나두 안 되었어요.

교사: 왜 안 된 것 같애?

현우: 일단 교류를 흘려서 전자석에 그냥 자석을 갖다 댔는데요. 극이 바뀌는 것 같지가 않았어요.

종환: 너무 순간적이어서.

현우: 그런 것 같기두 하구. 잘 안됐어요.

교사: 극이 잘 바뀌면 될 것 같애?

현우: 힘들 것 같애요.

종환: 어쩌면 될 수도 있을 것 같애요. 바뀌는데요. 교류가 너무 빨리 움직이잖아요. 간격이 좁잖아요. 그래서 별 차이를 못 볼 것 같애요.

교사: 되게 할 수도 있어?

현우: 예. 팽이가 도는 거 하구요. 전자석의 극이 바뀌는 거 하구요, 시

간이 좀 잘 맞으면.

교사: 어떻게 맞으면?

현우: 그러니까 붙어버리지 않게. 중심 쪽에 팽이의 N극이 가까이 있으면 전자석이 N극으로 바뀌어 주구요. 또 반 바퀴 돌아서 팽이의 S극이 중심으로 갈 때는요 S극으로 바뀌어서 팽이를 밀어내줘요.

교사: 뭘 조절하면 그렇게 되게 할 수 있을까?

현우: 그걸 잘 모르겠어요.

현우의 현상 구현 활동과정을 표 3.2 및 그림 3.3의 기호 체계에 따라 활동도로 나타내면 다음과 같다(그림 3.11).

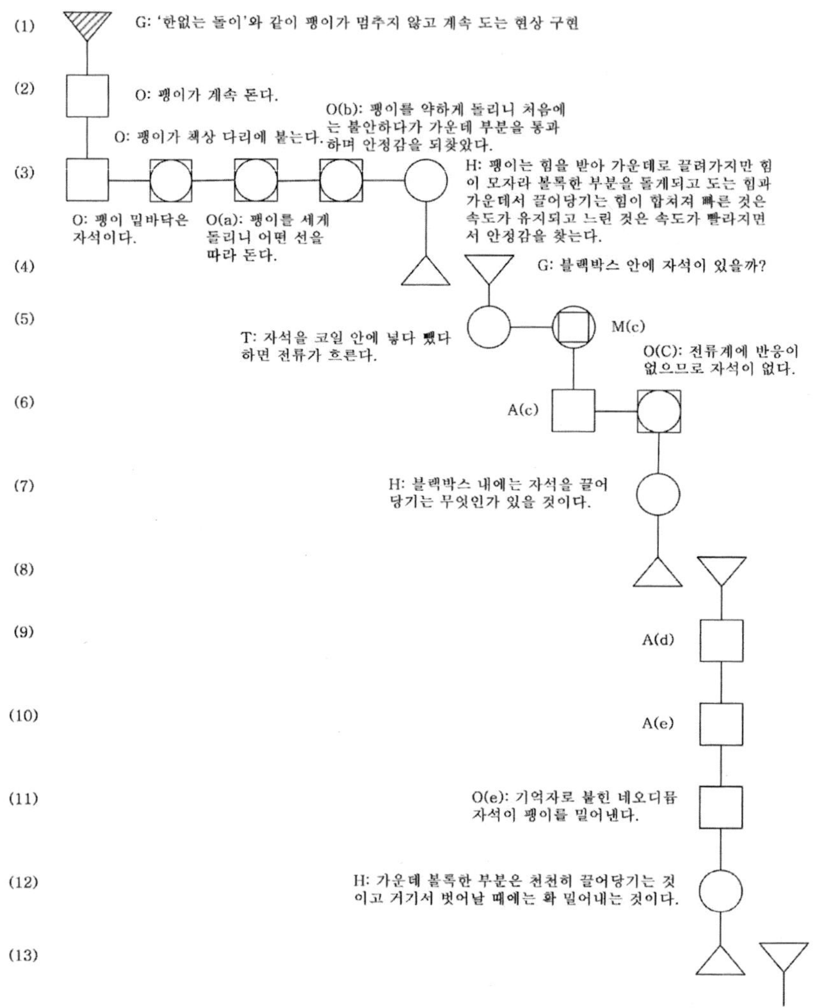

그림 3.11 현우의 현상 구현 활동도

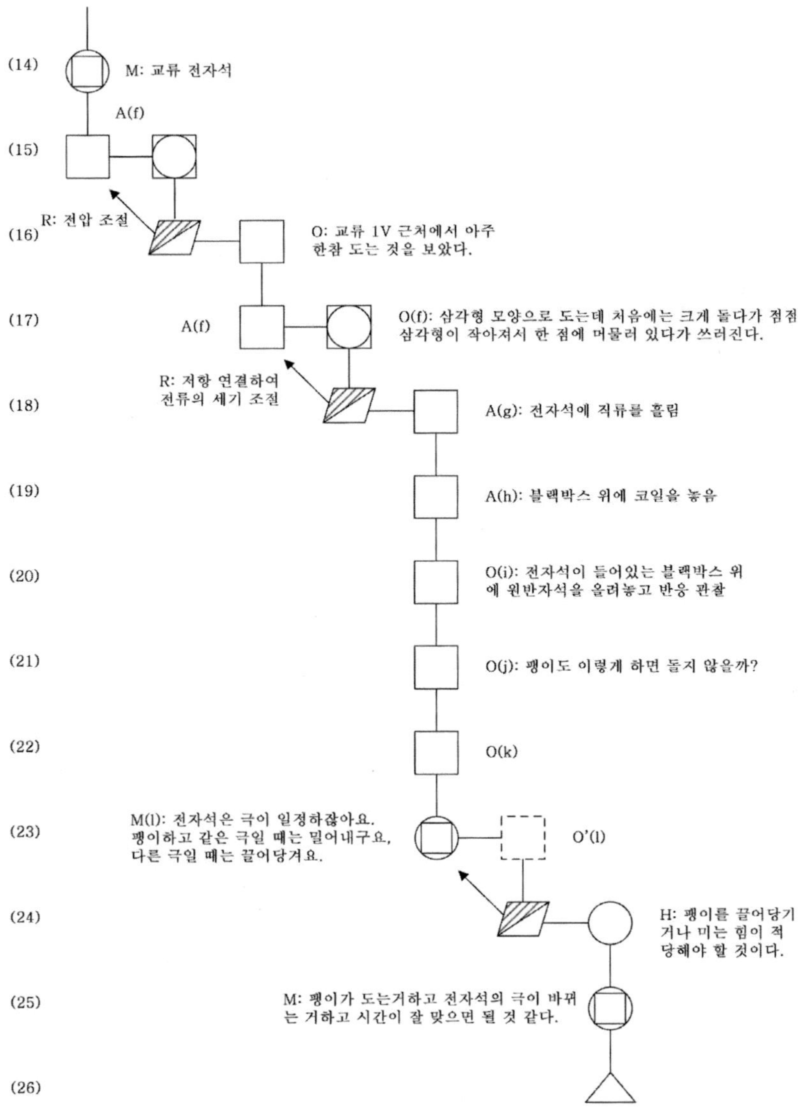

그림 3.11 현우의 현상 구현 활동도(계속)

3.2.1.5. 조작 활동과 사고 활동의 상호작용

그림 3.5에서 그림 3.11로부터 학생들의 조작 활동과 사고 활동이 상호작용한 결과를 볼 수 있었다. 사각형 안에 원이 있거나 원 안에 사각형이 있는 기호로 표시된 부분이 이에 해당하는데 이것은 물질세계의 사물과 물리 이론이 복합된 결과물을 나타낸다(그림 3.3 참조).

학생들은 사고 활동을 통해 물질세계의 사물로 이루어진 구조물 모형을 제안하기도 했고 조작 활동의 결과를 사고 활동을 통해 해석하기도 했다. 이 두 가지 종류의 결과물은 네 명의 학생들 모두에게서 공통적으로 나타났는데 대개 세 가지 종류의 기본 유형을 중심으로 반복하여 나타났다.

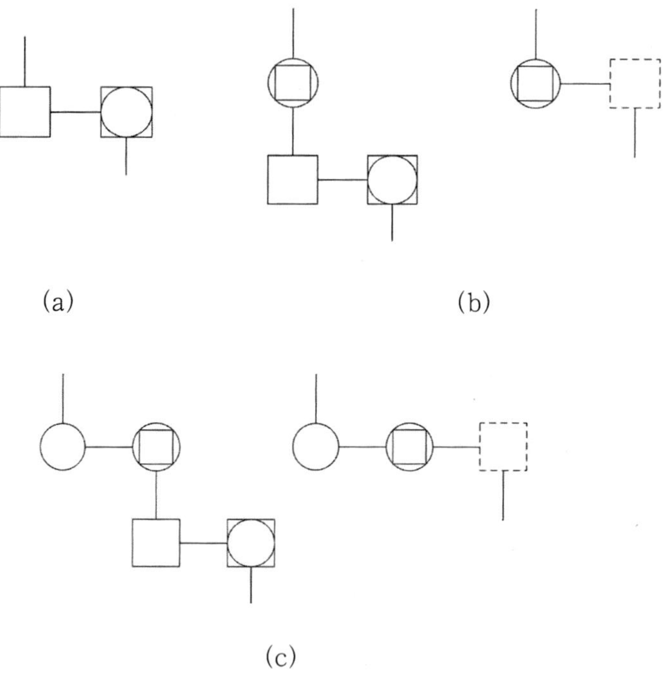

그림 3.12 조작 활동과 사고 활동의 상호작용 유형

첫째, '이렇게 하면 어떻게 될까?'와 같은 의문을 가지고 특정 행동이 어떤 결과를 낳는지 직접 해보고 그 결과를 반성하는 탐색 활동이다(그림 3.12(a)). 이러한 활동은 대개 현상 구현 활동의 초기에 나타났고, 그것만으로 그치거나 또는 새로운 시도로 연결되었다(예를 들어, 그림 3.7의 단계 (3)-(7)).

둘째, 특정 의도를 실현하기 위해 잠정적인 구조물(construal)(Gooding, 1990a)을 제안하고 만들어 그 결과를 반성하는 의도시험 활동이다(그림 3.12(b)). 이때 학생들이 제안한 구조물은 엄격한 이론적 검토를 거치지는 않았지만 몇 가지 물리학적 지식을 바탕으로 특정 의도를 실현하는 데 적합하도록 제안된 잠정적인 모형이다. 예를 들어, 그림 3.7의 단계(9)-(11)과 같이 블랙박스에 철이 있던 부분과 같은 부분에 철을 넣는 것이 이에 해당한다. 이 유형은 결과에 대한 해석이 생략되는 것과 같이 조금씩 달라지기는 했지만 학생들의 활동에서 자주 나타났고, 반복 행동을 동반하거나 다시 새로운 구조물을 제안하는 것으로 연결되었다.

셋째, 전자기학 이론을 바탕으로 모형을 제안하고 만들어 그 결과를 반성하는 가설시험 활동이다(그림 3.12(c) 참조). 이때 학생들이 제안한 구조물은 현상에 대한 이론적인 해석을 통해 제안된 것이라는 점에서 가설이라고 볼 수 있다. 예를 들어, 민영이는 그림 3.7의 단계 (13)-(15)와 에너지원으로 교류를 선택하고 교류 전자석 모형을 제안한 뒤 직접 만들어 결과를 관찰하고 해석하였다. 이 유형은 대개 반복 행동을 동반하였고 모형의 수정으로 이어졌다.

3.2.2. 현상 구현 활동을 통한 탐구과정 수행

본 절에서는 3.2.1절에서 그린 활동도를 분석하여 현상 구현 활동의 과정에서 드러난 과학과 기술의 탐구과정을 살펴보겠다. 그림 3.5 - 그림 3.11에서 볼 수 있듯이 '자석 팽이가 한없이 도는 현상'을 구현하는 과정은 많은

단계의 행동을 포함하고 있다.5)

3.2.2.1. 관찰의 정교화

학생들은 원본 블랙박스 위에서 팽이의 운동의 관찰하는 것으로부터 활동을 시작하였다. 그림 3.5의 단계 (2)-(5), 그림 3.7의 단계 (2)-(7), 그림 3.9의 단계 (2)-(5), 그리고 그림 3.11의 단계 (2)-(3)가 활동을 처음 시작했을 때 이루어진 관찰 과정을 가리킨다.

학생들은 관찰과 함께 간단한 조작을 하였다. 네 명의 학생들은 모두 팽이의 운동을 관찰한 뒤 간단한 조작으로 팽이의 특성을 알아보고 블랙박스의 특성을 알아보는 과정을 거쳤다. 즉, 학생들은 쇠조각과 자석을 이용하여 팽이의 밑면이 자석이라는 것을 알아내었고 그런 후에는 쇠조각과 자석을 블랙박스에 가까이 가져가서 어느 부분에서 인력이 작용하는지 그 모양을 알아내었다. 이것은 관찰이 단순히 시각적으로 보는 것만으로 한정되지 않고 조작을 동반함을 의미한다. '팽이가 멈추지 않고 도는' 시각적인 자극은 학생들에게 지적 호기심을 불러일으켰고 학생들은 팽이가 어떤 물질로 이루어져 있는지 그리고 비록 내부가 보이지는 않지만 어떤 물질이 들어있는지 알아보기 위해 팽이를 책상 다리에 대보는 것과 같은 간단한 조작을 자연스럽게 시작하였다. 또한 더 나아가 교사에게 자석을 가져다달라고 요청하는 것과 같이 필요한 도구를 능동적으로 생각하기 시작하였다.

이러한 학생들의 관찰은 해석을 동반하였고, 관찰 사실을 재구성하여 서술하게 하였다. 종환이는 처음에 팽이가 블랙박스의 볼록 튀어나온 부분을 따라 돈다고 관찰하였으나, 첫 번째 구조물이 실패로 돌아가자 다시 팽이의 운동을 관찰하여 그림 3.7의 단계(11)와 같이 팽이의 운동을 다시 서술하였다. 현우의 경우에도 팽이의 운동에 대한 최초의 관찰은 '팽이가 계속 돈다'는 것이었지만 관찰이 거듭되면서 팽이를 세게 돌렸을 때의 운동과

---

5) 단계를 나타내는 숫자는 각 학생들의 활동도 왼쪽에 세로축을 따라 매긴 일련
   번호이다.

약하게 돌렸을 때의 운동을 구별하게 되었다. 또한 그림 3.11의 단계(3)에서 보듯이 팽이에 작용하는 힘을 해석하여 설명을 제안하기에 이른다. 관찰이 끝나고 둘째 날부터 본격적으로 구조물을 제작하는 활동을 시작한 이후에도 학생들은 모두 자신이 만든 구조물이 실패[6]했다고 판단하면 원본 블랙박스 위에서 팽이의 운동을 다시 관찰한 뒤 자신이 만든 구조물 위에서 팽이가 움직이는 모습과 비교하였다. 예를 들어 두현이는 단계 (7)-(10)에서 원본을 모방하기 위해 압정과 철사로 구조물을 만든 후 '도는 모양은 비슷하게 나오는데 ……'라고 언급한 것은 원본 위에서의 움직임을 계속 염두에 두고 비교하고 있었음을 알려준다. 연구자의 관찰에 의하면 학생들은 전체 활동이 진행되는 동안 원본 위에서 팽이의 운동을 수십 차례 관찰하였다.

이와 같은 학생들의 관찰 행동은 관찰이 이론에 의존한다는 점(Hanson, 1965), 즉 가치중립적인 관찰이란 존재할 수 없음을 보여준다. 학생들은 자신들이 직접 간단한 조작을 하고, 직접 구조물을 만들어서 무엇이 문제인지 파악했을 때에야 무엇을 관찰해야 할지, 주어진 현상에서 무엇에 주목해야 할지 알게 된다. 한없는 돌이를 이용한 현상 구현 활동에서 학생들은 지속적으로 관찰을 재구성해갔다. 이렇게 될 수 있었던 것은 학생들이 직접 구조물을 만들어 같은 현상을 구현해야 했기 때문이었다.

3.2.2.2. 물질세계에 바탕을 둔 가설 형성

학생들은 자석팽이가 한없이 도는 현상을 구현하기 위해 처음에는 현상의 표면적 특징에 주목하였으나 의도한 현상이 잘 구현되지 않자 전자기 개념을 이용하여 현상을 해석하려고 노력하기 시작하였다. 두현이의 경우 처음에는 원본 블랙박스 위에서 팽이의 운동을 모방하기 위해 구조물을 만들었다(그림 3.5의 단계 (7)-(11), (14)-(17)). 그러나 다섯째 날부터는 코

---

[6] 자신이 만든 구조물이 팽이가 한없이 운동하도록 만들지 못했다고 판단하는 것이다.

일과 전자석에 의한 극, 자기장 그리고 플레밍의 왼손 법칙을 팽이의 운동과 연관지으려고 노력하였고(단계 (21)-(31)), 다섯째 날 후반부에는 오히려 이론적 해석에 바탕을 두고 구조물들을 제안하기에 이르렀다(단계 (31)-(40)). 처음에는 '팽이가 돌도록 철사로 길을 만들어주는 것'과 같이 팽이의 표면적인 움직임에 주목한 모형이 제시된 반면 후반부로 가면 '특정 모양의 자기장이 발생하는 모형'과 같이 이론적 해석에 바탕을 두고 있다. 전체 활동도(그림 3.5)를 살펴보아도 뒷부분으로 갈수록 원 기호와 원 안에 사각형 기호가 많아지는 것을 볼 수 있다. 이것은 물질세계에서의 활동보다 정신세계에서의 활동이 많아지고 있음을 뜻한다. 그러나 주목할 점은 이론적인 해석이 활발하게 이루어지더라도 그것이 추상적인 가설이 아니라 물질세계에서의 구조물과 직접 연관지어진 가설이라는 점이다. 단계 (31)에서 자기장 개념과 플레밍의 법칙은 모형(그림 3.4(n))과 뗄 수 없는 관계이며, 두현이는 이 모형을 즉시 구조물(그림 3.4(o))로 만들었다.

종환이도 처음에는 현상의 표면적인 특징에 초점을 맞춘 구조물에서 시작하였지만(그림 3.7의 단계 (8)-(14)), 단계 (15)-(19)를 거치면서 블랙박스의 가장자리에서 작용하는 척력과 중심 부분에서 인력으로 설명을 정리해간다. 후반부에서는(단계 (23)-(31)) 이러한 해석을 구체적인 구조물로 실현하기 위해 코일과 전자석, 막대자석, 솔레노이드 코일이 도입되었다. 현우도 처음에는 현상의 표면적인 특징을 모방하기 위한 구조물을 만들었고(그림 3.11의 단계 (9)) 교류전류와 직류 전류를 흘린 전자석으로 실험을 한 뒤(단계 (13)-(20)) 그것이 왜 실패했는지 반성하는 과정에서 '전자석의 극이 바뀌는 정도가 팽이의 운동과 잘 맞아야 한다'는 가설을 제안을 할 수 있었다(단계 (23)-(26)).

즉 학생들은 현상을 해석하려고 노력하는 가운데 점차 물리학의 개념과 법칙에 바탕을 둔 가설을 제안하게 되었고 이것은 자석, 전자석, 코일 등과 같이 물질세계의 사물과 뗄 수 없는 관계를 맺고 있었다. 실제로 구조물을 만들어야 하는 현상 구현 활동에서는 실제 사물이 지닌 특성과 기능을 반영하지 않으면 모형을 제안할 수 없기 때문이다. 따라서 팽이의 실제 운동이 모형을 평가하는 중요한 준거가 되었고, 실제로 구조물을 만들어 결과를 관찰할 수 없는 사고실험의 경우에도 과거의 경험이나 이론을 바탕으로 관찰결과를 예상하고(점선 사각형) 그에 비추어 모형을 수정하는 과정이 되풀이 되었다.

　그러나 물질세계에 바탕을 둔 가설 형성 및 수정은 한계도 가지고 있었다. 특히 사고실험에서 그러했다. 학생들은 실제 실험의 연장선상에서 실제 실험의 경험을 바탕으로 사물을 조작하고 운동을 예상하는 사고실험을 했다. 그러나 실제 실험에서 조작해보지 않았던 경우나 잘 관찰할 수 없었던 경우에 대해서는 분명하게 결론을 내리지 못하였다. 현우의 사례에서 잘 드러나듯이 실제 실험에서 시도했던 구조물을 반성할 때에는 이미 경험했던 현상을 다루었기 때문에 그 과정을 상세히 떠올릴 수 있었고 실패한 이유도 반성할 수 있었다. 그러나 최종 보고서에서 볼 수 있듯이 이전의 경험을 바탕으로 운동을 예상할 수 없는 구조물에 대해서는 그 결과를 확신하지 못했다. 이것은 학생들의 사고 전개가 끊임없이 물질세계에서의 조작을 통해 되먹임을 받아야 한다는 점을 지적하고 있다. 황성원과 박승재(Hwang & Pak, 1997)는 과학 성취수준이 높은 중학교 3학년 학생들에게 한없는 돌이를 관찰하게 하고 그 내부 구조물을 제안하게 하였을 때 40% 가량의 학생이 블랙박스 내부에 쇠로 된 물질만이 있을 것이라고 언급했다고 보고하였다. 이것은 학생들이 사고실험을 할 때 실제로 경험하지 못했던 경우가 등장하거나 이론적으로 분명히 해석할 수 없는 경우가 등장하면 사고실험 과정이 비현실적으로 될 수 있음을 알려준다. 본 연구에서 학생들은 이미 물질세계에서 많은 실패를 경험하였기 때문에 새로운 생각을 매우 조심스럽게 설명하고 그 결과에 대해서는 '직접 해보아야 알 수 있다'는 단서를 달았다. 즉 학생들에게 실제 실험이 실험 결과를 보면서 다음 행동을 결정하고 사고를 전개해가는 현실적인 과정이었던 반면, 사고실험은 그 결과를 분명하게 예측할 수 없기 때문에 여러 가지 가능성을 물리 이론을 통해 검토하는 과정이었고 교사가 모범적인 해석을 제공하지 않는 한 학생들은 불확실성에서 벗어나기 어려웠다.

3.2.2.3. 의도를 실현하기 위한 반복 행동

학생들의 활동도에서 볼 수 있는 또 한 가지 특징은 비슷한 과정을 반복하는 부분들이 여러 차례 있었다는 것이다. 실제로 구조물을 만들 때는 특정 의도를 실현하기 위해 반복 행동이 일어났다. 민영이와 현우가 '팽이가 오래 돌았던 순간'을 다시 찾기 위해 전자석에 흐르는 전류를 조절한 경우(그림 3.9의 단계 (16)-(17), 그림 3.11의 단계 (17)-(18)) 그리고 종환이가 전자석과 코일에 흐르는 전류의 세기와 방향을 조절해가며 반복한 경우(그림 3.7의 (25)-(26))가 이에 해당한다. 또한 그림 3.7의 단계 (17)-(18)처럼 여러 가지 경우를 나누고 결과가 어떻게 되는지 알아보는 경우도 있었다. 이렇게 비슷한 과정을 반복하는 경우에는 자석의 세기, 전류의 세기, 전류의 종류, 전류의 방향과 같은 특정 변인의 효과에 주목을 하게 된다. 따라서 전자석에 흐르는 전류의 세기에 주목하려면 전자석에 감긴 코일의 회수를 일정하게 두어야 하듯이 특정 변인의 효과를 알아보기 위해 다른 변인을 통제하는 일이 자연스럽게 일어난다. 또한 전류의 세기를 정확하게 측정하는 것은 필수 조건이 된다. 학생들은 회로 검사기의 사용법을 새로 배워 전류와 전압을 측정하였고, 회로의 단락도 검사하였다.

토론과 같이 사고세계에서 구조물을 제안하고 관찰결과를 예상하는 경우에도 반복 행동이 존재했다. 그러나 실제실험이 특정 변인의 효과에 주목했던 반면 사고실험에서는 이론적인 검토와 경험에 비춘 반성을 통해 모형을 재구성했다. 두현이는 '플레밍의 법칙을 이용한 코일'이라고 이름 붙인 구조물을 제안한 뒤 플레밍의 법칙을 적용한 설명을 여러 차례 시도했고(그림 3.5의 단계 (34)-(35)), '아라고의 회전판' 원리를 적용한 구조물에서는 '팽이가 구리판이고 블랙박스에 자석이 있는 경우'와 '팽이가 자석이고 밑에 구리판이 있는 경우'를 구분하여 관찰결과를 예상하였다.

3.2.2.4. 가능성에 주목하는 사고

'한없는 돌이'를 이용한 현상 구현 활동에서 학생들은 처음부터 분명한 계획을 세우고 구조물을 만드는 것이 아니라 한 가지 구조물을 만들어 물질세계로부터 되먹임(feedback)을 받으면서 가능성 있는 구조물을 제안하였다. 학생들의 활동도를 살펴보면 여러 차례 단절이 존재함을 알 수 있다. 두현이의 경우 철사와 압정으로 만들 구조물로 팽이가 멈추지 않고 돌게 하는 것이 성공적이지 않자 자석을 도입하였다(그림 3.5의 단계(14)). 이때 쇠로 된 물질만으로 팽이의 한없는 운동을 가능하게 할 수 있는지에 대해 결론을 내리고 자석을 이용하기 시작한 것이 아니라 자석이 가능성 있어 보였기 때문에 자석을 선택한 것이었다. 자석을 이용하다가 전자석으로 바꾼 단계 (17)도 마찬가지이다. 두현이는 이후에 전자석과 코일을 이용하여 구조물을 만들다가 다시 자석으로 돌아가기도 했다 (단계 (27)-(30)). 종환이의 경우에도 단계 (19), (29)에서 단절이 존재하는 것을 볼 수 있다. 그러나 다른 한편으로 보면 종환이는 팽이에 적절한 인력과 척력이 작용해야 한다는 가설을 점점 구체화하고 있었기 때문에 이와 같은 단절은 마구잡이의 시행착오라기보다는 쇠, 전자석, 코일 등과 같은 구체적인 실험 기구로부터 가능성을 검토해가는 과정이라고 보는 것이 타당하다. 다른 학생에 비해 두드러지게 해석적 접근을 취했던 민영이의 경우에도 영구운동과 에너지원을 언급하면서 블랙박스에 자석이 들어있을 것 같지 않다고 판단했음에도 불구하고 철과 자석을 이용한 구조물을 만들어 그 결과를 직접 확인하였다. 이것도 역시 다양한 가능성을 검토하는 과정이라고 볼 수 있을 것이다.

가능성에 대한 주목은 집요한 반복 행동으로 나타났다. 종환이는 전자석을 이용한 구조물에서 많은 시간을 반복하는 데 보냈고(그림 3.7의 단계 (22)-(26)), 민영이와 현우도 전자석에 교류를 흘려주었을 때 어느 순간 팽이가 오래 움직이는 것을 관찰하고는(그림 3.9의 단계 (15), 그림 3.11의 단계 (16)) 그 순간을 다시 찾는 데 오랜 시간을 보냈다(그림 3.9의 단계

(14)-(18), 그림 3.11의 단계 (15)-(18)).

학생들의 활동에는 구조물을 만드는 활동 외에도 현상에 대한 감각을 얻고 실마리를 얻기 위한 행동들이 있었다. 현우는 그림 3.11의 단계 (10)-(11)과 같이 빈 블랙박스 위에서 팽이를 돌린 뒤 작은 네오디뮴 자석을 블랙박스위에 올려놓고 팽이의 운동을 관찰하였다. 또한 단계 (20)-(22)와 같이 전자석이 들어 있는 블랙박스 위에 원반자석을 올려놓고 반응을 관찰하거나 자석에 팽이를 매달아 놓고 흔들면서 눈으로 관찰하고 손으로 힘을 느꼈다. 두현이는 철판 위에서 팽이를 천천히 돌리거나 팽이를 가까이 가져갔을 때 작용하는 힘을 느꼈다.

이와 같이 학생들은 물질세계로부터 되먹임을 받으면서 생각을 전개해나갔기 때문에 전체적인 활동의 과정은 '문제 인식-가설 설정-실험 계획-실험 수행-결과 해석-결론 도출'이라는 단선적인 과정을 따르지 않았다. 많은 단절이 있었고, 가설이 분명하지 않은 채 어떤 결과가 나오는지 한 번 해보는 경우도 있었고, 실험을 하면서 다음 계획을 세웠고, 결과를 해석하여 결론을 분명하게 도출하지 않은 채 다음 단계로 넘어가기도 했다. 또한 현상에 대한 감각과 실마리를 얻기 위해 사물을 조작하면서 운동을 유심히 관찰하고 작용하는 힘을 느끼고 생각에 잠기는 때도 있었다.

'한없는 돌이'를 이용한 현상 구현 활동을 분석하여 관찰, 측정, 예상, 추리, 문제인식, 가설형성, 변인통제, 결과해석과 같은 물리학의 탐구과정이 나타남을 볼 수 있었다. 특히 학생들은 시간이 흐름에 따라 관찰을 정교화하고 가설을 형성하고 변인의 특성에 주목하는 등 물리학의 탐구과정을 기계적이 아니라 능동적으로 수행하였다. 또한 실패를 경험하고 실패의 원인을 분석하고 물질의 속성을 탐구하고 물리적 제약조건을 인식하는 것과 같은 기술 활동의 특성도 볼 수 있었다. 학생들은 활동을 하는 동안 수많은 실패를 경험하였지만 실패의 원인을 분석하고 새로운 가능성을 떠올리기 위해 노력하였다. 또한 실제로 구조물을 만들어야 한다는 조건 때문에 사물의 특성과 기능에 주목할 수밖에 없었으며 전류를 세게 흘리면 코일이 뜨거워지는 것과 같은 물리적 제약조건도 인식할 수 있었다.

3.2.3. 현상 구현 활동을 통한 전자기 개념 학습

앞서 이론적 논의에서 물리 개념 학습은 '학생들이 이미 알고 있거나 새로 알게 된 다양한 개념들을 여러 상황 속에서 선택적으로 적용할 수 있는 기준과 방법을 알게 되어가는 과정 그리고 그 과정에서 각 개념들의 내용과 범위가 수정되고 확장되어 가는 과정'이라고 정의하였다. 본 절에서는 '한없는 돌이'를 이용한 현상 구현 활동이 학생들의 전자기 개념 학습에 어떻게 기여했는지 살펴보겠다.

3.2.3.1. 기존 개념과 물질세계의 연관

학생들은 현상 구현 활동의 과정에서 인력, 척력, 자기장과 같이 이미 알고 있는 전자기 개념과 '자석팽이가 한없이 도는 현상'을 구현하는 데 필요한 적절한 기구들을 연관지었다. 이때 학생들이 떠올렸던 전자기 개념들은 구조물에 들어갈 기구들의 기능과 밀접하게 연결되어 있었다.

두현이의 경우 처음에 만들었던 구조물에서 철사와 압정은 모두 자기력에 의한 인력과 연관되어 있었다. 자석, 전자석, 코일은 자석팽이에 힘을 작용하기 위해 사용되었지만 넷째 날부터 두현이는 코일을 자기장 개념과 연결하기 시작했다. 따라서 두현이는 '플레밍의 법칙을 이용한 코일'이라고 이름 붙인 구조물에서 인력과 척력의 개념보다는 자기장에서 전류가 받는 힘을 고려하였고 이것은 이후의 사고실험에서도 계속되었다. 또한 두현이가 '맴돌이 전류 이용'이라고 이름 붙인 구조물에서는 '아라고의 회전판'에 나오는 구리판이 전자기 유도 현상과 연결되었다.

종환이는 실험을 하면서 팽이의 운동을 계속해서 인력과 척력으로 설명하게 되었고 그러한 힘이 작용할 수 있는 기구들을 찾아 구조물을 만들려고 시도했다. 종환이가 떠올렸던 개념들과 기구들은 자석과 철 사이의 인력, 자석과 자석 사이의 인력과 척력, 자석과 전자석 사이의 인력과 척력, 솔레노이드가 자석에 작용하는 척력이었다. 종환이는 철 조각, 자석, 전자석, 솔레노이드를 검토하면서 적절한 기구들을 찾아나갔다.

민영이는 팽이에 작용하는 힘이 자기력이어야 한다는 확신을 가지고 있었다. 따라서 블랙박스 내부에 들어있을 만한 기구로 자석, 교류가 흐르는 전자석, 직류가 흐르는 전자석을 떠올리고 하나씩 구조물을 만들어 현상을 관찰하면서 검토해나갔다. 팽이가 한없이 돈다는 것을 영구기관이나 에너지 개념과 연관지었고 전자석의 극변화를 교류라는 개념과 연관지었다. 그리고 발전기의 원리를 자석 팽이의 운동과 연관지었다.

현우의 경우는 종환이와 마찬가지로 미는 힘과 당기는 힘으로 팽이의 운동을 설명하려고 노력하였다. 그러나 현우는 자석 외에 전자석이나 교류, 솔레노이드에 대한 지식이 부족하였기 때문에 주로 민영이의 실험에 동참하였다. 그렇지만 민영이와 함께 토의하고 실험하면서 전자석이나 교류의 기능을 알게 되었고 그 것이 팽이의 운동에 어떻게 영향을 주는지 설명할 수 있게 되어 사고실험에서는 전자석의 극이 바뀌는 정도를 맞추는 것이 중요하다고 제안하기에 이르렀다.

이와 같이 학생들은 팽이가 멈추지 않고 도는 데 필요한 기구들과 전자기 개념을 연관지었다. 어떤 경우에는 두현이가 코일과 전자석을 도입할 때처럼 가능성 있어 보이는 기구를 선택한 뒤 그와 관련된 개념들을 점차 떠올리기도 했고, 또 어떤 경우에는 종환이가 인력과 척력을 작용하는 기구를 찾아나가거나 민영이가 마지막에 언급한 센서의 경우처럼 물리 개념을 도입하여 어떠한 기능을 가진 기구가 필요하다고 제안하기도 했다.

3.2.3.2. 기존 개념에 대한 이해의 확장 및 새로운 개념 도입

학생들은 자석팽이가 멈추지 않고 돌게 한다는 구체적인 상황에서 개념과 기구를 연관지으면서 때로는 이미 알고 있던 개념들의 내용과 범위를 수정하고 확장하였으며 때로는 새로운 개념을 도입하기도 했다. 이것은 주로 토론이 이루어졌던 사고실험에서 볼 수 있었다. 두현이는 자기장에서 전류가 받는 힘을 자석팽이의 운동에 적용하려고 했다. 그러나 두현이는 플레밍의 왼손 법칙을 단순히 암기하고 있었을 뿐 그 법칙이 의미하는 물리적 내용을 충분히 이해하고 있지 못했기 때문에 법칙을 제대로 적용하지 못했고 교사와 토론을 하는 과정에서 오류를 발견할 수 있었다. 또한 '아라고의 회전판' 원리를 이해하기 위해 교사의 도움을 받아 전자기 유도 개념을 학습하였다. 두현이는 책에 나오지 않은 새로운 상황에 이 개념을 도입하여 설명을 시도함으로써 이 개념을 새로운 현상과 관련짓고 이해를 확장했다. 종환이의 경우에도 마지막에 제안했던 구조물(그림 3.6(s))에서 전자기 유도라는 새로운 개념을 도입했고 이것은 팽이에 힘을 작용하기 위한 원리로 도입된 것이었기 때문에 구체적인 현상과 연결지어질 수 있었다. 민영이는 활동 초기부터 블랙박스에 자석이 들어있을 가능성을 고려하였다. 그러나 민영이는 실험일지의 마지막 정리 부분에서 자석이 들어 있을 가능성을 배제하고 센서와 전원 공급 장치를 언급함으로써 자석을 이용한 영구기관이라는 생각을 버리게 되었다.

  학생들은 최종보고서에서 학생들은 자석과 직류 전류를 흘린 전자석은 자석 팽이에 작용하는 힘에 있어서 차이가 없다고 다음과 같이 결론내렸다.

> 동기: 자석을 이용하여 팽이가 잘 돌아갈 수 있게 하려고 하였다.
>
> 가설: 자석과 자석 사이의 인력과 척력을 이용하여 팽이를 계속 돌게 하려고 시도하였다.
>
> 예상: 자석팽이의 밑부분은 S, N극으로 나누어져 있다. 블랙박스 밑에 N극의 자석을 놓았다고 가정하자. 자석팽이의 극이 S극일 때는 인력이 작용하고, 자석팽이의 극이 N극일 때는 척력이 작용하여 오래 돌 수 있을 것이라고 생각 했다. (그 이유는 원본 팽이의 궤도를 보았을 때 가운데 볼록한 부분을 통과하며 계속 돌 수 있는 힘을 얻는 것이라고 생각했기 때문에 그랬다.)
>
> 결과: 여러 가지 조합으로 자석을 배치해 보았으나 실패하고 말았다.
>
> 실패한 이유: 자석의 힘이 너무 세서 팽이가 바로 달라붙거나 자석이 영향을 잘 주지 못했기 때문에 실패하였다.

이것은 학생들이 활동을 통해 자석과 전자석이 작용하는 힘에 대해 가지고 있던 생각을 정리하였음을 보여준다.

3·2·3.3. 비명제적 지식 형성

학생들은 현상 구현 활동을 통해 전자기 개념과 관련된 이미지나 느낌을 형성함으로써 비명제적 지식을 형성하였다. 그 증거는 학생들이 자신의 구조물을 설명하거나 토론하면서 말한 내용에서 자주 등장한다. 학생들은 칠판에 그림을 그린 뒤 마치 눈앞에서 팽이가 움직이는 것이 보이는 것처럼 또는 팽이가 받는 힘이 느껴지는 것처럼 팽이의 운동을 묘사하였다. 두현이는 압정, 철사, 자석, 전자석, 코일 등에 의해 작용하는 힘 또는 자기장을 이와 같은 이미지나 느낌과 연결할 수 있었기 때문에 "이렇게 자기장을 만들면 올라갔다가 내려갔다가 튕겼다가 다시오고"라고 말할 수 있었다. 이것은 자기장이라는 개념이 팽이의 운동에 대한 두현이의 이미지와 느낌을 반영하고 있음을 보여준다. 종환이는 자석을 오각형 모양으로 붙이고 팽이를 돌려본 뒤 다시 가운데 부분에 자석을 여러 개 붙이면서 "세게 하면 더 빨리 휙 지나갈 텐데……"라고 말했던 것은 팽이에 더 센 힘을 작용하고 싶다는 의도와 여러 개의 자석을 겹쳐 붙이는 행위가 연결되고 그렇게 했을 때 팽이의 움직임에 대한 동적인 이미지가 연결되고 있음을 보여준다. 회전 운동에 대해서도 학생들은 나름대로 이미지를 형성하고 있었다. "그러니까 붙어버리지 않게. 중심 쪽에 팽이의 N극이 가까이 있으면 전자석이 N극으로 바뀌어 주구요. 또 반 바퀴 돌아서 팽이의 S극이 중심으로 갈 때는요 S극으로 바뀌어서 팽이를 밀어내줘요"라는 현우의 설명은 자석팽이를 회전시키는 원리에 대해 가지고 있는 이미지를 잘 드러내준다.

현상 구현 활동의 후반부에 사고실험이 가능했던 것은 학생들이 현상에 대한 시각적 이미지와 느낌을 바탕으로 실제 조작 없이도 머릿속에서 구조물을 만들고 작동시킬 수 있었기 때문이었다. 능숙한 물리학자라면 '한없는 돌이'를 보았을 때 굳이 직접 만들어보는 과정을 거치지 않더라도 그 내부에 무엇이 있을지 예측하고 따져볼 수 있을 것이다. 그것은 물리학자가 이미 자신이 제시할 구조물에 포함되어 있는 실물이 어떻게 작동하고 그것이 물리학의 어떤 개념과 관련이 있는지 충분히 이해하고 있기 때문에 가능한 일이다. 그러나 학생들은 그렇지 못하기 때문에 실제 경험이 필요했고 3.2.2.4에서 설명했듯이 어떤 경우에는 현상에 대한 감각과 느낌을 얻기 위해 시간을 보내기도 했다.

3.2.4. 전자기 학습에서 현상 구현 활동의 역할

본 사례 연구에서 학생들은 '자석팽이가 한없는 도는 현상'을 구현하는 데 성공하지 못하였다. 게다가 학생들의 실험 과정은 전통적인 교과서 실험의 선형적이고 논리적인 과정이 아니었고 많은 단절과 불확실성을 포함하고 있었다. 그렇지만 '한없는 돌이'를 이용한 현상 구현 활동에서 학생들은 관찰을 정교화하고, 물질세계에 바탕을 둔 가설을 형성하고, 의도를 실현하기 위해 반복 행동을 하고, 가능성에 주목하는 사고를 하였다. 또한 이미 알고 있던 개념을 물질세계의 사물과 연관지어 떠올리고 그에 대한 이해를 확장하고 때로는 새로운 개념을 도입하였으며 비명제적 지식을 형성하였다. 활동의 마지막에 두현이와 종환이는 전자기 유도를 이용한 구조물을 제안할 수 있었고, 현우는 전자석의 극변화를 팽이의 운동과 연관지었으며, 민영이는 전류의 흐름을 끊었다 연결했다 해주는 센서를 제안하였다. 만일 '결국 현상을 구현했는가' 여부로 활동의 성패를 결정한다면 학생들의 활동은 실패라고 보아야할 것이다. 그러나 본 사례 연구의 결과는 현상을 구현하려고 노력하려는 가운데 학생들이 참된 탐구(Woolnough, 1998)를 하였고 물리 개념을 이해하였음을 보여주고 있다. 즉 현상을 구현하기 위해 노력하는 과정 자체가 학습의 과정이었다.

이와 같은 학습이 일어날 수 있었던 것은 현상 구현 활동이 종합적인 실험의 맥락을 제공하였기 때문이었다. 현상 구현 활동에서는 구조물을 만드는 과정에서 학생들의 생각이 자연스럽게 드러날 수 있다. 어떤 기구를 선택하고 어떻게 배치하여 어떤 구조물을 만들었는가 그 자체가 학생들의 생각을 보여준다. 그리고 이렇게 설계된 또는 만들어진 구조물에 대한 학생들의 설명 또는 대화 속에서 학생들의 생각이 자연스럽게 드러난다. 앞서 3.2.1에서 토론을 통해 학생들이 지닌 생각이 드러나는 것을 볼 수 있었다. 두현이와 종환이가 코일과 전자석의 극 배치를 놓고 토론할 때도 두 학생이 전자석과 코일에 대해 가지고 있는 생각이 드러났다. 또한 종환이는 사고실험에서 '옆으로 도는 힘이 더 세면 구심력이 생겨서 원운동 하면 가운데 중심이 바깥으로 나가려고 하고 이 힘이 아래서 당기는 힘보다 세면 밖으로 나갈 수 있지 않을까?'라고 자신의 구조물을 설명하였다. 이때 종환이가 칠판에 그린 설계도와 종환이의 설명 속에는 물체의 회전, 원운동, 구심력에 대한 이해 정도가 잘 드러났다.

교과서에 제시된 실험은 대개 실제 현상의 복잡성을 최대한 단순화시킨 소위 '살균된(sanitized)' 실험(Hodson, 1996a)으로 마찰 전기, 정전기 유도, 옴의 법칙과 같이 특정한 개념이나 법칙을 잘 예시할 수 있다는 장점을 갖고 있다. 이와 반대로 현상 구현 활동에서는 '한없이 도는 자석팽이'와 같이 한 가지 물리 개념이나 법칙으로 설명되지 않는 종합적이고 복합적인 현상을 다룬다. 그러나 학생들은 정답이 없거나 모르는 상황에서 구조물을 만들면서 자신의 생각을 자연스럽게 드러낼 수 있었고 왜 실패했는지에 초점을 맞추면서 새로운 모형을 제안할 수 있었다.

또한, 본 연구에서 의도하는 현상이 잘 구현되지 않는 것은 반성적인 실험의 맥락을 제공하여 오히려 학습을 돕는 중요한 요인이 되었다. 만일 '한없는 돌이' 원본의 운동을 한두 번 모방해서 현상을 쉽게 구현할 수 있었다면 학생들은 물리 개념을 도입하여 현상을 설명할 필요를 별로 느끼지 못했을 것이고 열심히 관찰하지도 않았을 것이며 다양한 가능성을 검토하지도 않았을 것이다. 반복되는 시도에도 불구하고 자석팽이가 멈추지 않고 돌게 하는 것이 실패하자 학생들은 다양한 기구들을 떠올렸고 그와 관련된 개념들을 떠올리면서 현상을 해석하려고 하였다. 여기서 중요한 것은 "내가 만든 구조물은 왜 팽이가 멈추지 않고 돌게 하지 못했을까?"에 대해 생각해보는 것이다. 실패가 흔히 일어나고 "왜 실패했을까?"라고 질문하는 것이 자연스러운 상황이야말로 전통적인 학교 물리 실험과 구별되는 특징이다.

그러나 이것을 위해서는 교사의 역할이 중요했다. 현우가 자신이 시도했던 구조물들을 반성할 수 있었던 것은 교사의 뒷받침이 있었기 때문이었다. 교사는 "왜 효과가 없었던 것 같아?", "어떤 영향?", "어떻게 생각해?", "극이 바뀌면 잘 될 것 같아?"와 같은 질문을 던지면서 학생들의 사고를 자극했고, 때로는 두현이와 같이 이론을 잘못 알고 있는 경우에는 질문을 통해 오류를 지적했으며, 때로는 전자기 유도와 같은 새로운 개념을 설명해 주었다.

앞서의 이론적 논의에서도 지적했듯이 학교 물리 실험에서 학생들이 기계적 행동을 하는 데 그친다는 비판이 있었다. 변인 통제와 같은 과학의 과정을 학습하는 것이 중요함에도 불구하고, 학생들은 왜 변인을 통제하는지 또는 변인을 통제하고 있는지조차 모른 채 지시를 따른다. 그러나 본 사례연구에서는 학생들이 능동적으로 탐구과정을 수행하는 것을 볼 수 있었다. 전통적 학교 물리 실험은 그 목적을 '전압과 전류 사이의 관계를 알아보는 것'과 같이 물리학의 이론 내적인 것에 두었다. 따라서 학생들이 전압과 전류 사이의 관계를 알아보는 것이 필요하고 중요하게 느끼도록 만드는 데는 주의를 덜 기울였다. 본 사례연구에서 학생들은 구조물을 설계하고 만들면서 점차 물리 개념을 이용하여 현상을 해석하려고 노력하게 되었다. 전통적 교과서 실험에서는 '전자기 유도' 개념 학습을 위해 코일에 자석을 가까이 하거나 멀리하면서 전류가 흐르는지 확인시킨다. 반면 본 활동에서는 '자석 팽이가 한없이 도는 현상'을 구현하기 위해 전자기 유도 개념이 도입되었다. 이것은 물리 학습의 상황에서 구조물을 제작하고 설계하는 기술 활동이 현상을 이해하고 설명하는 물리학의 활동과 연결될 수 있음을 보여준다.

본 사례 연구에 참가한 학생들은 보통 학생들에 비해 물리학에 대해 좀

더 흥미를 가지고 있고 물리학의 내용과 방법에 대해 더 잘 이해하고 있는 학생들이었다. 중학교 2학년 교육과정에 제시된 것보다 상위 수준의 이론을 알고 있었고 대학의 과학영재 프로그램을 통해 물리학의 다양한 분야를 접해 보았다. 또한 한 달여에 걸쳐 23시간에 걸친 활동을 수행하는 지구력도 가지고 있었다. 그러나 이 학생들의 성취도 수준이 높았기 때문에 앞서와 같은 긍정적인 결과를 얻을 수 있었다고 단정짓기는 어렵다.

현상 구현 활동의 과정 자체가 학습의 과정이 되기 위해서는 무엇보다도 학생들이 다양한 가능성을 떠올리고 직접 구조물을 만들어 시도하는 것이 중요했다. 그리고 이 학생들이 처음에 떠올렸던 인력이나 척력 같은 물리 개념들은 중학교 2학년 수준의 학생이라면 이미 배워서 알고 있는 개념들이다. 또한 자석과 전자석 같은 기구는 초등학교 때부터 직접 다루어 본 것들이다. 따라서 보통 수준의 학생들이더라도 이미 알고 있는 개념과 기구를 떠올리고 그것을 현상과 연관짓도록 교사가 격려한다면 활동을 시작할 수 있을 것이다. 게다가 연구에 참가한 학생들은 과학 완구 '한없는 돌이'를 매우 흥미로워 했다. 이것은 이 학생들이 뛰어난 학생들이었기 때문이기보다는 과학 완구의 장점 때문이었다. 그리고 앞서 2.1.3절에서 논의했듯이 자신이 기대하는 특정 결과를 얻기 위해 무엇인가를 만드는 활동은 학생들의 성취 수준에 관계없이 흥미를 유발하는 활동이다. 따라서 과학 완구를 이용한 현상 구현 활동은 학생들의 수준에 크게 구애받지 않고 학생들이 흥미를 가지고 지속적으로 활동하게 하는 장점을 가지며 이것이 학습의 과정이 되기 위해서는 교사의 역할이 매우 중요함을 시사한다.

우선 교사는 학생들이 호기심을 가지면서도 물리학의 다양한 개념과 기구들을 떠올릴 수 있는 현상을 선택해야 할 것이다. 그리고 3.2.2절와 3.2.3절의 분석 결과에서 볼 수 있듯이 현상 구현 활동의 과정에는 물리학의 탐구과정과 내용이 도입될 수 있는 기회들이 형성된다. 교사가 이러한 기회를 적절히 활용한다면 현상 구현 활동은 일반 학생들의 경우에도 학습의 과정이 될 수 있을 것이다. 예를 들어, 3.2.1.3절에서 민영이가 마지막에 센서의 필요성을 언급한 것은 '트랜지스터'의 원리와 기능에 대해 학습할 수 있는 기회라고 볼 수 있다. 마찬가지로 두현이가 플레밍의 법칙을 이용하여 팽이의 운동을 설명하려고 했을 때, 현우가 전자석의 극이 적절하게 바뀌어야 한다고 제안했을 때, 종환이가 원심력 개념을 잘못 사용하고 있을 때 등은 모두 물리학의 개념과 법칙을 이해할 수 있는 좋은 기회가 된다. 또한 민영이가 개념으로만 알고 있던 교류를 실제로 전자석에 연결하고 전류의 세기를 측정하려고 했을 때나 두현이가 자신의 모형을 실제로 구현하기 위해 구조물을 설계하고 만들고 결과를 해석했던 때는 모두 현상 구현 활동이 측정, 가설 형성, 실험 장치 고안, 결과 해석과 같은 물리학의 방법을 학습할 수 있는 기회임을 시사한다.

제4장 요약 및 결론

　물리 교육에서 학교 실험은 지향하는 목적에 따라 여러 가지 형태를 띠었다. 그 다양성에도 불구하고 학교 물리 실험은 물리학 실험과 마찬가지로 물질세계에서 사물과 현상을 대면하고 다루는 조작 활동과 사고 세계에서 물리학의 개념과 법칙을 이용하여 생각하는 사고 활동이 긴밀하게 상호 작용하는 것을 그 특징으로 한다. 현재 학교 실험의 많은 부분을 차지하는 확인 실험은 분석적 방법을 도입하여 물리학의 개념과 법칙을 예시하고 학생들의 이해를 도울 수 있다는 장점을 지닌다. 그러나 실험을 통해 예정된 결과를 얻게 함으로써 학습해야 할 이론을 정당화하려는 예시적 실험은 물리학 실험의 특성을 올바로 반영하지 못할 뿐 아니라 학생들의 기계적인 실험 행동을 유발한다는 비판을 받았다. 이와 같은 논의들은 학생들의 능동적인 행동 그 자체가 의미를 가질 수 있고 학생들의 행동에 동기와 의도를 부여하며 실험에서 대면하게 된 현상과 자신의 실험 행동을 물리학의 내용적 측면에서 반성하게 하는 학교 물리 실험의 필요성을 제기하였다.

　본 연구에서는 이러한 조건을 만족시키는 학교 물리 실험의 한 형태로 현상 구현 활동을 제시하였다. 현상 구현 활동은 학생들이 특정 현상을 구현하기 위해 사물을 조작하고 생각을 전개하면서 구조물을 만드는 활동이다. 물리학 활동에서 현상을 구현하는 것은 실험의 한 가지 중요한 역할로서 물질 현상을 이해하고 설명하는 활동과 밀접한 관련을 맺어왔다. 또한 구조물을 설계하고 만드는 것은 기술 활동의 중요한 역할이다. 따라서 현상 구현 활동은 물리학 활동과 기술 활동의 성격을 동시에 지닌 실험의 한 형태이다.

　본 연구에서는 이론적 논의를 통해 특정 현상을 구현하기 위해 구조물을 제안하고 직접 만드는 과정에서 학생들이 자신의 생각을 드러내고, 실제 세계로부터 되먹임을 받고, 자신의 행동을 반성하고 다음 행동을 계획하게 되어 조작 활동과 사고 활동이 상호작용하도록 촉진할 것이라고 논의하였다. 또한 이러한 상호작용은 학생들이 물리학의 탐구과정을 능동적으로 수행하고 물리학의 개념과 법칙을 이해하는 데 기여할 것이라고 논의하였다.

이와 같은 현상 구현 활동의 역할을 심층적으로 알아보기 위해 질적 사례 연구를 수행하였다. 사례 연구의 목적은 과학 완구를 이용한 현상 구현 활동에서 학생들의 조작 활동과 사고 활동과정을 분석하여 전자기 학습에서 현상 구현 활동이 어떤 역할을 하는지 탐색하는 것이다. 이를 위해 질적 사례 연구를 수행하였다. 사례 연구의 초점 질문은 첫째, 현상 구현 활동에서 조작 활동과 사고 활동의 상호작용은 어떻게 나타나는가, 둘째, 현상 구현 활동은 학생들이 물리학의 탐구과정을 능동적으로 수행하는 데 어떻게 기여하는가, 셋째, 현상 구현 활동은 학생들이 전자기학의 개념을 이해하는 데 어떻게 기여하는가였다.

사례 연구의 대상은 과학 성취도 수준이 높은 중학교 2학년 학생 네 명이었다. 학생들에게 주어진 과제는 과학 완구 '한없는 돌이'의 '자석 팽이가 한없이 도는 현상'을 관찰한 뒤 같은 현상을 구현하는 것이었다. 학생들은 이를 위해 23시간여에 걸쳐 구조물을 제안하고 만들었다. 이 기간동안 학생들은 실험일지와 최종 보고서를 작성하였고 온라인 게시판에 의견을 올렸다. 연구자는 현장 기록을 하고 학생을 면담하였으며 학생 활동 전체를 비디오로 촬영하였다. 이 자료들을 바탕으로 각 학생들의 조작 활동과 사고 활동을 분석하여 전체 과정을 활동도로 나타내었다.

각 학생의 현상 구현 활동도를 분석한 결과, 조작 활동과 사고 활동의 상호작용 결과물은 학생들이 구체적인 사물로 이루어진 구조물 모형을 제안하거나 관찰결과를 물리 이론으로 해석하는 것과 같이 실제 사물과 물리 이론이 복합된 것이었다. 이 결과물들은 전체 활동에서 세 가지 유형의 활동을 중심으로 반복하여 나타났다. 세 가지 유형은 특정한 조작이 어떤 결과를 낳는지 확인하고 그 결과를 반성하는 탐색 유형, 특정 의도를 실현하기 위해 잠정적인 구조물을 제안하고 만들어 그 결과를 반성하는 의도시험 유형, 그리고 전자기학 이론을 바탕으로 모형을 제안하고 만들어 그 결과를 반성하는 가설시험 유형이었다. 이것은 현상 구현 활동이 학생들의 반성적 활동을 촉진하고, 분석적인 실험 방법을 포괄하는 종합적인 실험의 맥락을 제공하였음을 의미한다.

'한없는 돌이'를 이용한 현상 구현 활동에서 학생들은 물리학의 탐구과정을 다음과 같이 수행하였다. 첫째, 학생들은 자석 팽이의 운동을 지속적으로 반복 관찰하면서 관찰 사실을 재구성하였다. 또한 학생들은 관찰을 할 때 간단한 조작을 하였다. 둘째, 구조물을 만드는 과정에서 처음에는 현상의 표면적인 특징에 초점을 맞추었으나 여러 가지 시도들이 실패로 돌아가자 전자기학의 개념을 이용하여 현상을 해석하려고 노력하였고 그에 바탕을 둔 모형을 제안하였다. 이 모형들은 실제로 구조물을 들어갈 기구들과 자석 팽이의 운동에 바탕을 두고 제안되었고 그에 비추어 수정되었다. 셋째, 특정 의도를 실현하기 위해 실제 구조물을 만드는 경우 학생들은 특정 변인이 팽이의 운동에 주는 효과를 주목하면서 특정 과정을 반복하였고 사고실험의 경우에도 구조물을 제안하고 그 결과를 이론과 경험에 비추어 예상하는 과정을 반복하였다. 넷째, 학생들은 다양한 가능성에 주목하였기 때문에 여러 차례의 단절이 있었고 때로는 이전에 그만두었던 구조물로 되돌아가는 경우도 있었으며 현상에 대한 감각과 실마리를 얻기 위해 사물을 조작하기도 했다. 이와 같이 현상 구현 활동은 학생들이 구조물을 만드는 상황에서 의도를 실현하려고 노력하게 함으로써 탐구과정을 능동적으로 수행하게 하였다.

'한없는 돌이'를 이용한 현상 구현 활동에서 학생들은 다음과 같이 전자기 개념을 학습하였다. 첫째, 학생들은 구조물에 들어갈 기구들의 기능을 '인력'이나 '척력'과 같이 이미 알고 있던 전자기 개념들과 연관지었고 이 개념들은 학생들이 제안하거나 직접 만든 구조물과 뗄 수 없는 관계에 있었다. 둘째, 학생들은 자석 팽이의 운동이라는 구체적인 상황에서 때로는 이미 알고 있던 개념의 내용과 범위를 수정하였고, 때로는 자신이 알고 있는 개념의 한계를 파악하였으며, 때로는 새로운 개념을 도입하기도 했다. 셋째, 학생들은 자기력이나 자기장과 같은 전자기 개념에 대해 비명제적 지식을 형성하였다. 이와 같이 현상 구현 활동은 학생들이 구조물을 만드는 상황에서 자석 팽이의 운동과 전자기 개념을 연관짓게 함으로써 전자기 개념 이해에 기여하였다.

결론적으로 과학 완구 '한없는 돌이'를 이용한 현상 구현 활동은 종합적이고 반성적인 실험의 맥락을 제공하여 구조물을 중심으로 학생들의 조작 활동과 사고 활동이 상호작용하도록 촉진하였다. 현상 구현 활동은 전자기 학습에서 관찰, 가설 형성, 반복 수행, 다양한 가능성 고려와 같은 탐구과정을 능동적으로 수행하게 하였고, 이미 알고 있던 개념을 현상과 연관짓고 그 개념들의 의미를 확장하고 때로는 새로운 개념을 도입하게 하는 역할을 하였다.

참고 문헌

American Association for the Advancement of Science. (1967). *Science-a process approach.* Washington, DC.: Ginn & Co.

American Association for the Advancement of Science. (1993). *Bechmarks for science literacy.* New York: Oxford University Press.

Arons, A. B. (1982). Phenomenology and logical reasoning in introductory physics courses. *American Journal of Physics, 50*(1), 13-20.

Arons, A. B. (1993). Guiding insight and inquiry in the introductory physics laboratory. *The Physics Teacher, 31*(May), 278-282.

Arons, A. B. (1997). *Teaching introductory physics.* John Wiley & Sons, Inc.

Assessment of Performance Unit. (1985). *Science in schools:* Ages 13 and 15 (Research Report No.3). London: HMSO.

Atkinson, E. P. (1990). Learning scientific knowledge in the student laboratory. In E. Hegarty-Hazel (Ed.), *The student laboratory and the science curriculum* (pp. 119-131). Routledge.

Barth, M. (2000). Electromagnetic induction rediscovered using original texts. *Science & Education, 9*(4), 375-387.

Barton, R. (1998). IT in practical work: assessing and increasing the value-added. In J. J. Wellignton (Ed.), *Practical work in school science: which way now?* (pp. 237-251). Routledge.

Benenson, G. (2001). The unrealized potential of everyday technology as a context for learning. *Journal of Research in Science Teaching,*

166

38 (7), 730-745.

Borges, A. T., & Gilbert, J. K. (1998). Models of magnetism. *International Journal of Science Education, 20*(3), 361-378.

Brodin, G. (1978). The role of the laboratory in the education of industrical physicists and engineers. In J. G. Jones & J. L. Lewis (Eds.), *The role of the laboratory in physics education* (pp. 4-14). An account of the Oxford conference held in July 1978.

Brooke, H., & Solomon, J. (1998). From playing to investigating: research in an interactive science centre for primary pupils. *International Journal of Science Education, 20*(8), 959-971.

Bruner, J. S. (1997). *The culture of education.* Harvard University Press.

Cajas, F. (2001). The science/technology interaction: implications for science literacy. *Journal of Research in Science Teaching, 38*(7), 715-729.

Cajas, F., & Gallagher, J. J. (2001). The interdependence of scientific and technological literacy. *Journal of Research in Science Teaching, 37*(8), 713-4.

Cantor, G., Gooding, D., & James, F. A. L. (1991). *Michael faraday.* Humanities Press.

Carlsen, W. S. (1998). Engineering design in the classroom: is it good science education or is it revolting? *Research in Science Education, 28*(1), 51-63.

Collette, A. T., & Chiappetta, E. L. (1989). *Science instruction in the middle and secondary school.* Merrill Publishing Company.

Crismond, D. (2001). Learning and using science ideas when doing investigate-and-redesign tasks: a study of naive, novice, and expert designers doing constrained and scaffolded design work. *Journal of Research in Science Teaching, 38*(7), 791-820.

Dahlin, B. (2001). The primacy of cognition-or of perception? A phenomenological critique of the theoretical basis of science education. *Science & Education, 10*(5), 453-475.

Davis, B., & Sumara, D. J. (1997). Cognition, complexity, and teacher education. *Harvard Educational Review, 67*(1), 105-125.

Dewey, J. (1913). *Interest and effort in education.* Boston: Houghton Mifflin.

Donnelly, J. F. (1998). The place of laboratory in secondary science teaching. *International Journal of Science Education, 2*(5), 585-596.

Driver, R. (1983). *The pupil as scientist?* Open University Press.

Driver, R., Leach, J., Millar, R., & Scott, P. (1996). *Young people's images of science.* Open University Press.

Duhem, P. (1982). *The aim and structure of physical theory.* Princeton University Press.

Duhem, P. (1996). Some reflections on the subject of experimental physics(1894). In P. Duhem (Ed.), *Essays in the history and philosophy of science.* Hackett Publishing Company.

Erickson, G. (2000). Research programmes and the student science learning literature. In R. Millar, J. Leach, & J. Osborne (Eds.), *Improving science education: the contribution of research-* (pp. 271-292). Open University Press.

Feyerabned, P. K. (1962). Explanation, reduction and empiricism, scientific explanation, space and time. In H. Feigl & G. Maxwell (Eds.), *Minnesota studies in the philosophy of science 3.* Minneapolis: University of Minnesota Press.

Franklin, A. (1981). What makes a 'good' experiment? *British Journal for Philosophy of Science, 32,* 367-379.

Giere, R. N. (1992). Cognitive models of science. University of Minnesota Press.

Gilbert, J. K., & Reiner, M. (2000). Thought experiments in science education: potential and current realization. *International Journal of Science Education, 22*(3), 265-283.

Gil-Pérez, D., & Carrascosa-Alis, J. (1994). Bringing pupils' learning closer to a scientific construction of knowledge: A permament feature in innovations in science teaching. *Science Education, 78*(3), 301-315.

Glasson, G. E., & Bentley, M. L. (2000). Epistemological undercurrents in scientists' reporting of research to teachers. *Science Education, 84*(4), 469-485.

Gooding, D. (1989a). History in the laboratory: can we tell what really went going on? In F. James (Ed.), *The development of the laboratory*. American Institute of Physics: New York.

Gooding, D. (1989b). Thought in action: making sense of uncertainty in the laboratory. In M. Shortland & A. Warwick (Eds.), *Teaching the history of science* (pp. 261-141). Oxford: Blackwell/BSHS.

Gooding, D. (1989c). 'Magnetic curves' and the magnetic field: experimentation and representation in the history of a theory. In D. Gooding, T. Pinch, & S. Schaffer (Eds.), *The uses of experiment: studies in the natural science* (pp. 183-223). Cambridge University Press.

Gooding, D. (1990a). *Experiment and the making of meaning*. Kluwer Academic Publisher.

Gooding, D. (1990b). Mapping experiment as a learning process: How the first electromagnetic motor was invented. *Science, Technology, & Human Value, 15*(2), 165-201.

Gooding, D. (1992). The procedural turn; or, Why do thought experiments work. In R. N. Giere (Ed.), *Cognitive models of science* (pp. 45-76). University of Minnesota Press.

Gott, R., & Duggan, S. (1995). *Investigative work in the science curriculum*. Open University Press.

Gott, R., & Duggan, S. (1996). Practical work: its role in the understanding of evidence in science. *International Journal of Science Education, 18*(7), 791-806.

Gove, P. B., & The Merriam-Webster Editorial Staff. (1993). *Webster's third new international dictionary*. G. & C. Merriam Co.

Gunstone, R. F., & A. B. Champagne, A. B. (1990). Promoting conceptual change in the laboratory. In E. Hegarty-Hazel (Ed.), *The student laboratory and the science curriculum* (pp. 159-182). Routledge.

Hacking, I. (1983). *Representing and intervening*. Cambridge University Press.

Hanson, N. R. (1965). *Patterns of discovery*. Cambridge University Press.

Harrison, A. (1978). *Making and thinking: a study of intelligent activities*. Hackett Publishing Company: Indianapolis.

Hart, C., P, Mulhall, Berry, A., Loughran, J., R, & Gunstone. (2000). What is the purpose of this experiment? Or can students learn something from doing experiments? *Journal of Research in Science Teaching, 37*(7), 665-675.

Hawkins, D. (1965). Messing about in science. *Science and Children, 2*(5), 5-9.

Heering, P. (2000). Getting shocks: Teaching secondary school physics through history. *Science & Education, 9*(4), 363-373.

Hegarty-Hazel, E. (1990a). *The student laboratory and the science curriculum*. Routledge.

Hegarty-Hazel, E. (1990b). The student laboratory and the science curriculum: An overview. In E. Hegarty-Hazel (Ed.), *The student laboratory and the science curriculum* (pp. 3-26). Routledge.

Hempel, C. G. (1966). *Philosophy of natural science.* Prentice-Hall.

Herron, M. D. (1971). The nature of scientific inquiry. *School Review, 79,* 171-212.

Hodgkin, R. A. (1985). *Playing and exploring: Education through the discovery of order.* London: Methuen.

Hodson, D. (1988). Experiments in science and science teaching. *Educational Philosophy and Theory, 20*(2), 53-66.

Hodson, D. (1996a). Laboratory work as scientific method: three decades of confusion and distortion. *Journal of Curriculum Studies, 28*(2), 115-135.

Hodson, D. (1996b). Practical work in school science: exploring some directions for change. *International Journal of Science Education, 18*(7), 755-760.

Hodson, D. (1998a). Is this really what scientists do? Seeking a more authetic science in and beyond the school laboratory. In J. J. Wellington (Ed.), *Practical work in school science: which way now?* (pp. 93-108). Routledge.

Hodson, D. (1998b). *Teaching and learning science: Towards a personalized approach.* Open University Press.

Hodson, D., & Bencze. (1998). Becoming critical about practical work: changing views and changing practice through action research. *International Journal of Science Education, 20*(6), 683-694.

Höttecke, D. (2000). How and what can we learn from replicating historical experiments?: a case study. *Science & Education, 9*(4), 343-362.

Hwang, S. -W., & Pak, S. -J. (1997). An analysis of high achieving students' reports on inquiring physics of 'Top Secret'. In *Aapt winter meeting.*, Phoenix, USA.

Hwang, S., & Roth, W.-M. (2004). Co-evolving with material artifacts:

Learning science through technological design. Journal of the Korean Association for Research in Science Education, 24, 76-89

Hwang, S., & Roth, W.-M. (2006). From designing artifact to learning science: A dialectical perspective. Cultural Studies of Science Education.

Hwang, S., & Roth, W.-M. (in press). Of human bodies in scientific communication and enculturation. Journal of Curriculum Studies.

Hwang, S., Roth, W.-M., & Pozzer-Ardenghi, L. (2005). Understanding collaborative practice: Reading between the Lines Actions. Outlines: Critical Social Studies, 7, 50-69.

Interantional Technology Education Association. (2000). *Standards for technological literacy: Content for the study of technology.*

Jenkins, E. W. (1989). Processes in science education: an historical perspective. In J. J. Wellington (Ed.), *Skills and processes in science education: a critical approach.* Routledge.

Jenkins, E. W. (1998). The schooling of laboratory science. In J. J. Wellington (Ed.), *Practical work in school science: which way now?* (pp. 35-51). Routledge.

Jenkins, E. W., & Layton, D. (1997). *Innovations in science and technology education: Vol. VI.* UNESCO.

Johnson, M. (1987). *The body in the mind.* The University of Chicago Press.

Johnson, M. (1989). Personal practical knowledge series: Embodied knowledge. *Curriculum Inquiry, 19*(4), 361-377.

Jones, A. T., Simon, S. A., Black, P. J., Fairbrother, R., & Watson, R. (1992). *Open work in science: Development of investigations in schools.* London: Centre for Educational Studies, King's College, University of London.

Karplus, R., & Thier, H. D. (1967). *A new look at Elementary School*

172

Science. Chicago: Rand McNally.

Kass, H., & Macdonald, A. L. (1999). The learning contribution of student self-directed building activity in science. *Science Eudcation, 83*(4), 449-471.

Klopfer, L. E. (1990). Learning scientific enquiry in the student laboratory. In E. Hegarty-Hazel (Ed.), *The student laboratory and the science curriculum* (pp. 95-118). Routledge.

Kuhn, T. S. (1977a). Mathematical versus experimental traditions in the development of physical science. In T. S. Kuhn(Ed.), *The essential tension* (pp. 31-65). The University of Chicago Press.

Kuhn, T. S. (1977b). *The essential tension.* The University of Chicago Press.

Kuhn, T. S. (1977c). A function for thought experiments. In T. S. Kuhn(Ed.), *The essential tension* (pp. 240-265). The University of Chicago Press.

Lakatos, I. (1970). The methodology of scientific research programmes. In J. Worrall & G. Currie (Eds.), *Philosophical papers Vol. 1.* Cambridge University Press.

Latour, B. (1987). *Science in action.* Harvard University Press.

Latour, B., & Woolgar, S. (1986). *Laboratory life.* Princeton University Press.

Laudan, L. (1977). *Progress and its problems: towards a theory of scientific growth.* University of California Press.

Lave, J. (1988). *Cognition in practice: mind, mathematics and culture in everyday life.* Cambridge University Press.

Lawson, A. E. (1995). *Science teaching and the development of thinking.* Wadsworth Publishing Company.

Lawson, A. E., Abraham, M. R., & Renner, J. W. (1989). *A theory of instruction: using the learning cycle to teach science concepts and thinking skills.* NARST Monograph, Number One.

Layton, D. (1986a). *Innovations in science and technology education vol. II*. UNESCO.

Layton, D. (1986b). *Innovations in science and technology education vol. IV*. UNESCO.

Layton, D. (1986c). *Innovations in science and technology education vol. I*. UNESCO.

Layton, D. (1990a). *Innovations in science and technology education vol. III*. UNESCO.

Layton, D. (1990b). Student laboratory practice and the history and philosophy of science. In E. Hegarty-Hazel (Ed.), *The student laboratory and the science curriculum*. Routledge.

Layton, D. (1993). *Technology's challenge to science education: cathedral, quarry, or company store?* Open University Press.

Layton, D. (1994). *Innovations in science and technology education vol. V*. UNESCO.

Lazarowitz, R., & Tamir, P. (1994). Research on using laboratory instruction in science. In D. L. Gabel (Ed.), *Handbook of research on science teaching and learning* (pp. 94-128). Macmillan Publishing Company.

Leach, J. (1998). Teaching about the world of science in the laboratory: The influence of students' ideas. In J. J. Wellington (Ed.), *Practical work in school science: which way now?* (pp. 52-68). Routledge.

Leach, J., & Paulsen, A. C. (1999). *Practical work in science education: Recent research studies*. Roskilde University Press.

Linder, C. J. (1993). A challenge to conceptual change. *Science Education, 73*(3), 293-300.

Marton, F. (1988). Describing and improving learning. In R. Schmeck(Ed.), *Learning Strategies and Learning Style* (pp.

174

53-82). Plenum Press.

Marton, F., & Booth, S. (1997). *Learning and awareness.* NJ: Erlbaum.

Matthews, M. R. (1994). *Science teaching: The role of history and philosophy of science.* Routledge.

Maxwell, J. C. (1954). *A treatise on electricity & magnetism, 1 & 2.* Dover Publications.

Merriam, S. B. (1998). *Qualitative research and case study applications in education.* Jossey-Bass Inc.

Meyer, K., & Carlisle, R. (1996). Children as experimenters. *International Journal of Science Education, 18*(2), 231-248.

Millar, R. (1989). Bending the evidence: The relationship between theory and experiment in science education. In J. J. Wellington (Ed.), *Doing Science: Images of Science in Science Education* (pp. 38-61). The Falmer Press.

Millar, R. H. (1998). Rhetoric and reality: what practical work in science education is really for. In J. J. Wellington (Ed.), *Practical work in school science: which way now?* (pp. 16-31). Routledge.

Millar, R. H., & Driver, R. (1987). Beyond processes. *Studies in Science Education, 14,* 33-62.

Millar, R. H., Gott, R., Lubben, F., & Duggan, S. (1995). Children's performance of investigative tasks in science: a framework for consolidating progression. In M. Hughes (Ed.), *Progression in Learning.* Cleveland, Avon: Multilingual Matters.

Millar, R. H., Marechal, J. F. L., & Tiberghien, A. (1999). Mapping the domain-varieties of practical work. In J. Leach & A. C. Paulsen (Eds.), *Practical Work in Science Education: Recent research studies*(pp.33-59). Roskilde University Press.

Nadeau, R., & Desautels, J. R. (1984). *Epistemology and the teaching of science: a discussion paper.* Ottawa: Science Council of Canada.

National Research Council. (1996). *National science education standards.* Washington, DC: National Academy Press.

Nersessian, N. J. (1984). *Faraday to Einstein: Constructing meaning in scientific theories.* Kluwer Academic Press.

Nersessian, N. J. (1987). A cognitive-historical approach to meaning in scientific theories. In N. J. Nersessian (Ed.), *The process of science*(pp.161-177). Martinus Nijhoff Publishers.

Nersessian, N. J. (1992a). Constructing and instructing: the role of "abstraction techniques" in creating and learning physics. In R. A. Duschl & R. J. Hamilton (Eds.), *Philosophy of science, cognitive psychology, and educational theory and practice.* State University of New York press: Albany.

Nersessian, N. J. (1992b). How do scientists think? Capturing the dynamics of conceptual change in science. In R. Giere (Ed.), *Cognitive models of science* (pp. 3-44). University of Minnesota Press.

Nott, M., & Smith, R. (1995). 'Talking your way out of it', 'rigging', and 'conjuring': what science teacher do when practicals go wrong. *International Journal of Science Education, 17*(3), 399-410.

Nott, M., & Wellington, J. J. (1996). When the black box springs open: practical work in schools and the nature of science. *International Journal of Science Education, 18*(7), 807-818.

Olsen, T. P., Hewson, P., & Lyons, L. (1996). Preordained science and student autonomy: the nature of laboratory tasks in physics classrooms. *International Journal of Science Education, 18*(7), 775-790.

Osborne, J. (1998). Science education without a laboratory? In J. J. Wellington(Ed.), *Practical work in school science: which way now?* (pp. 156-173). Routledge.

Pella, M. O. (1961). The laboratory and science teaching. *Science Teacher, 28*, 20-31.

Pickering, A. (1984). *Constructing quarks.* The University of Chicago Press.

Polanyi, M. (1958). *Personal knowledge.* Routledge and Kegan Paul.

Popper, K. R. (1968). *The logic of scientific discovery.* Harper & Row Publishers.

Reiner, M., & Gilbert, J. (2000). Epistemological resources for thought experimentation in science learning. *International Journal of Science Education, 22*(5), 489-506.

Roth, W. -M. (1994). Experimenting in a constructive high school physics laboratory. *Journal of Research in Science Teaching, 31*(2), 197-223.

Roth, W. -M. (2001a). Learning science through technological design. *Journal of Research in Science Teaching, 38*(7), 768-790.

Roth, W. -M. (2001b). Modeling design as situated and distributed process. *Learning and Instruction, 11*(3), 211-239.

Roth, W.-M., Hwang, S., Lee, Y. J. and Goulart, M. I. M (2005). Participation, Learning, and Identity: Dialectical Perspectives, Berlin: Lehmanns Media.

Roth, W. -M., McRobbie, C. J., Lucas, K. B., & Boutonne, S. (1997). The local production of order in traditional science laboratories: a phenomenological analysis. *Learning and Instruction, 7*(2), 107-136.

Ryle, G. (1949). *The concept of mind.* Barnes & Noble everyday handbook.

Schauble, L., Klopfer, L. E., & Raghavan, K. (1991). Students' transition from an engineering model to a science model of experimentation. *Journal of Research in Science Teaching, 28*(9), 859-882.

Schön, D. A. (1983). *The reflective practitioner.* Basic Books, Inc.

Schwab, J. J. (1962). The teaching of science as enquiry. In J. J. Schwab & P. F. Brandwein(Eds.), *The teaching of science* (pp. 1-104). Harvard University Press.

Seiler, G., Tobin, K., & Sokolic, J. (2001). Design, technology, and science: sites for learning, resistance, and social reproduction in urban schools. *Journal of Research in Science Teaching, 38*(7), 746-767.

Simpson, R. D., & Anderson, N. D. (1981). *Science, students, and schools: A guide for the middle and secondary school teacher.* Macmillan Publishing Company.

Solomon, J. (1980). *Teaching children in the laboratory.* London: Croom Helm.

Solomon, J. (1998). 'Imaging' or 'Envisionment' in practical work: developing the link between action, thought and image. In J. J. Wellington(Ed.), *Practical work in school science: which way now?* (pp. 192-202). Routledge.

Solomon, J. (1999). Envisionment in practical work. helping pupils to imagine concepts while carrying out experiments. In J. Leach & A. C. Paulsen (Eds.), *Practical work in science education: recent research studies.* Roskilde University Press.

Solomon, J., Duveen, J., Scott, L., & Hall, S. (1995). *Science through scl investigations: Teaching, learning and assessing as you go.* The Association for Science Education.

Stake, R. E. (1995). *The art of case study research.* Sage Publications.

Sutton, C. (1998). Science as conversation: come and see my air pump! In J. J. Wellington (Ed.), *Practical work in school science: which way now?* (pp.174-191). Routledge.

Swain, J., Monk, M., & Johnson, S. (1999). A comparative study of attitudes to the aims of practical work in science education in

178

Egypt, Korea and the UK. *International Journal of Science Education, 21*(12), 1311-1324.

Toh, K. A., & Woolnough, B. E. (1994). Science process skills: Are they generalisable? *Research in Science & Technology Education, 12*(1), 31-42.

Tytler, R. (1992). Independent research projects in school science: case studies of autonomous behaviour. *International Journal of Science Education, 14*(4), 393-411.

Varela, F. J., Thompson, E., & Rosch, E. (1991). *The embodied mind: cognitive science and human experience.* MIT Press.

Watson, R. (2000). The role of practical work. In M. Monk & J. Osbrone (Eds.), *Good practice in science teaching: what research has to say* (pp. 57-71). Open University Press.

Watson, R., Goldsworthy, A., & Wood-Robinson, V. (1999). What is not fair with investigations? *School Science Review, 80*(292), 101-106.

Wellington, J. J. (1989). *Skills and processes in science education: a critical approach.* Routledge.

Wellington, J. J. (1998a). *Practical work in school science: which way now?* Routledge.

Wellington, J. J. (1998b). Practical work in science: time for a reappraisal. In J. J. Wellington (Ed.), *Practical work in school science: which way now?* (pp. 3-15). Routledge.

White, R. T. (1988). *Learning science.* Basil Blackwell.

White, R. T. (1996). The link between the laboratory and learning., *International Journal of Science Education, 18*(7), 761-774.

Wise, M. N. (1979). The mutual embrace of electricity and magnetism. *Science, 203*(30), 1310-1317.

Woolnough, B. E. (1991). Practical science as a holistic activity. In B. E. Woolnough (Ed.), *Practical Science: The role and reality of practical work in school science* (pp. 181-188). Routledge.

Woolnough, B. E. (1994). *Effective science teaching.* Open University Press.

Woolnough, B. E. (1998). Authentic science in schools to develop personal knowledge. In J. J. Wellington (Ed.), *Practical work in school science: which way now?* (pp. 109-125). Routledge.

Woolnough, B. E., & Allsop, R. T. (1985). *Practical work in science.* Cambridge University Press.

교육부 (1998). <u>과학과 교육 과정</u>. 대한 교과서 주식회사.

김명환 (2000). 일반 초중등학교에서의 과학영재를 위한 과학 심화학습 프로그램의 탐색. 박승재 등, <u>물리교육학 연구</u> (pp. 307-332). 교육과학사.

김재우 (2000). <u>중학생의 과학적 탐구 문제 설정 과정에 대한 사례적 분석</u>. 서울대학교 박사학위논문.

김찬종 (1993). 과학탐구학습의 과제와 방향. <u>과학탐구능력 신장 방안 모색을 위한 세미나 및 학술논문 발표회 발제 강연</u> (pp. 23-34). 서울.

박승재 (1997). 과학학습지도에 대한 혁신적 개념. *International conference on science education.* 서울.

박종원 (2001). <u>학생 개념체계의 연속적 세련화와 정교화를 통한 개념 변화 과정</u>. 한국학술진흥재단.

윤혜경 (2000). 확장적 과학 탐구 활동을 통한 중학생의 탐구 동기 변화. <u>한국과학교육학회지</u>, *20*(1), 137-154.

이상원 (1996). 실험철학의 기획. <u>과학과 철학</u>, *7*, 63-90.

이상원. (2000). <u>실험의 성격과 구조: 이론망에 기초한 인식적 접근</u>. 서울대학교 박사학위논문.

이윤종, 기우항, 김영호, 정원우, 양승영, 강용희, 안병호, 임성규, 윤일희, 김중욱, 윤성효 (1997). 현행 중등학교 과학 실험 실습 교육 실태 조사 및 그 운영 진단(Ⅰ). <u>한국과학교육학회지</u>, *17*(4), 435-450.

이희승 (1994). 국어대사전. 민중서림.

조희형, 박승재 (1994). 과학론과 과학교육. 교육과학사.

존 로지 (1999). 과학철학의 역사 (정병훈, 최종덕 공역). 동연.

한국과학교육단체총연합회 (1995). 과학 탐구실험 지도서 - 사범대학편. 한국과학교육단체총연합회.

홍성욱 (1997). 누가 과학을 두려워하는가. 한국과학사학회지, 19(2), 151-178.

홍성욱 (1999). *생산력과 문화로서의 과학 기술*. 문학과 지성사.

황성원, 박승재. (2001). 중고등학교교과서의 전자기영역 실험에 대한 비판적 고찰. 한국물리학회 2001년 봄 학술논문발표회 (p. 148). 서울.

· 저자약력 ·

저자 황성원(黃聖媛 SungWon Hwang)은 서울대학교 사범대학 물리교육과를 졸업하고 서울대학교 대학원에서 과학교육과 물리전공으로 교육학 석사 및 박사 학위를 취득하였다. 한국과학재단의 지원으로 캐나다의 University of Victoria에서 박사후 연구를 수행하였으며 현재 학술진흥재단의 지원으로 한양대학교 자연과학연구소에 학술연구교수로 재직 중이다. 저자는 과학교육의 핵심 주제들에 대한 간학문적이고 다각적 연구 성과를 국내외의 다양한 학술지와 학술도서를 통해 발표하여 왔다. 최근 발표한 논문으로는 From designing artifact to learning science: A dialectical perspective, Of human bodies in scientific communication and enculturation, Dis/Continuity of identity: "Hot cognition" in crossing boundaries, Empathy and solidarity toward an ethical praxis of qualitative research on learning 등이 있으며, 학술도서 Participation, learning, and identity: Dialectical perspectives의 공저자이다.

디자인 활동을 통한 과학 학습
Learning Science through Designing Artifacts

· 초판 인쇄	2007년 3월 20일
· 초판 발행	2007년 3월 20일
· 지 은 이	황성원
· 펴 낸 이	채종준
· 펴 낸 곳	한국학술정보㈜
	경기도 파주시 교하읍 문발리 526-2
	파주출판문화정보산업단지
	전화 031) 908-3181(대표) · 팩스 031) 908-3189
	홈페이지 http://www.kstudy.com
	e-mail(출판사업부) publish@kstudy.com
· 등 록	제일산-115호(2000. 6. 19)
· 가 격	12,000원

ISBN 978-89-534-6499-5 93370 (Paper Book)
　　　 978-89-534-6500-8 98370 (e-Book)